Ariel Magnus

TÜR AN TÜR

NAZIS UND JUDEN IM ARGENTINISCHEN EXIL

Ariel Magnus

TÜR AN TÜR

NAZIS UND JUDEN IM ARGENTINISCHEN EXIL

Kiepenheuer & Witsch

Für meine Eltern und Großeltern

INHALTSVERZEICHNIS

1 NOTRE-DAME VON BUENOS AIRES

Man muss sich das vorstellen: da flüchtet ein Jude zwölftausend Kilometer von Hamburg nach Buenos Aires und gerät just in ein Haus, in dem Nazis wohnen. Sogar in einem Roman klänge das ein wenig übertrieben, und trotzdem war dies das tragikomische Schicksal meines Großvaters Heinz Magnus.

Das Haus lag in der Monroestraße Nummer 4140 am Rande von Belgrano, dem deutschesten Kiez der argentinischen Hauptstadt. Es hatte vier Wohneinheiten, zwei oben und zwei unten, und einen Garten. In eine der beiden Erdgeschosswohnungen zogen meine Großeltern ein, ohne zu ahnen, welche Nachbarn im oberen Stock wohnten. Sie hießen Winkler, und problematisch war eigentlich nur die Frau.

»Sie sah aus wie Charles Laughton als Quasimodo im ›*Glöckner von Notre-Dame*‹«, erinnert sich Gaby, die älteste Tochter, Schwester meines Vaters, geboren 1945. »Hitler hat zu wenige von euch getötet«, sagte Frau Winkler, wenn sie einen guten Tag hatte. An allen anderen Tagen kamen nur Schimpftiraden.

Anscheinend hatte die kinderlose Frau Winkler wenig Vergnügen an kleinen Kindern, von denen meine Großmutter Lieselotte Magnus (geborene Jacoby) gleich drei in enger Reihenfolge hatte: Gaby, Ruth und Tommy, mein Vater. Doch der Konflikt musste schon vor dem Kinderlärm ausgebrochen sein. Als der Krieg zu Ende war, brachte Schwager Hans Jacoby einen Plattenspieler mit und spielte ganz laut die »Internationale« auf Deutsch, wie sie anfangs in Argentinien gehört wurde.

»Es ist schon schlimm genug, dass das Vaterland den Krieg verloren hat!«, brüllte Quasimodo von oben herab.

Mit der bloßen Schreierei gab sie sich aber nicht zufrieden und schmiss die Abfälle, die sich unter dem Spülbecken sammelten, von ihrem Balkon auf die Terrasse meiner Großeltern. »Es stank wie in einer Kloake«, erinnert sich mein Vater, geboren 1950, »und sie vergaß nie, ein ›Scheißjuden!‹ oder dergleichen hinzuzufügen.« Einmal riefen sie die Polizei, um der Pöbelei ein Ende zu setzen, und Frau Winkler wurde tatsächlich auf die Polizeiwache abgeführt. Doch nach ein paar Stunden war sie schon wieder zurück, und alles blieb beim Alten.

Am schwersten betroffen war meine Tante Ruth, geboren 1946. Sie liebte es, ihre Dehnübungen in enger Sportkleidung im Garten zu machen, und galt deswegen für Quasimodo als Nutte. Eines Tages hatte die Zwölfjährige genug von den Beleidigungen und forderte Frau Winkler zu einem Duell heraus. Also ganz klassisch: Kommen Sie runter und wir lösen dieses Problem wie richtige Männer. Frau Winkler kam tatsächlich aus ihrer Wohnung:

Die sportliche, grazile Jüdin gegen die übergewichtige, böse Nazifrau mitten auf dem Bürgersteig der *avenida* muss, aus Sicht der vorbeifahrenden Auto-, Bus- und Straßenbahnfahrer, ein lustiges Spektakel gewesen sein. Viel *action* gab es allerdings nicht. Soweit ich die Szene rekonstruieren konnte, nahm Ruth der Frau ihren Gehstock weg und drohte, ihr damit eine Tracht Prügel zu verpassen, musste aber nicht so weit gehen, denn ohne Halt fiel die runde Masse von selbst auf den Hintern.

Der richtige K. o. kam erst später, als mein Großvater sich die Unverschämtheiten nicht mehr gefallen lassen wollte. Zu jener Zeit, Anfang der Sechzigerjahre, hatte Herr Winkler Selbstmord begangen, und Gabys Freunde und Freundinnen kamen zu ihr, um sich die Verrückte aus dem oberen Stock anzuschauen. Heinz fand die permanente Hetze gar nicht lustig, und es wird sogar vermutet, dass die chronische Herzerkrankung, an der er 1966 mit nur 52 Jahren starb, nicht wenig mit dieser ungesunden Nachbarschaft zu tun hatte. Auf jeden Fall hat es seinem fragilen Zustand nicht geholfen, dass er eines Tages außer sich vor Wut aus der Wohnung stürmte und anfing, alle greifbaren Gegenstände nach oben zu schleudern, und zwar mit erstaunlicher Treffsicherheit. Danach wurde Frau Winkler zwar wesentlich ruhiger, aber der gesundheitliche Schaden bei meinem Opa war schon angerichtet. Mein Großvater hat sie überlebt, aber so, wie er und so viele andere auch das Naziregime überlebt haben: mit sichtbaren und unsichtbaren Verletzungen.

Diese Anekdote, die allein aufgrund der zeitlichen Länge eher eine Episode ist, kursierte in meiner Familie immer mit einer gewissen Leichtigkeit. Und so habe auch ich sie weitererzählt, wann immer sie passte. Erst während einer Lesereise durch Deutschland, als ich vom Publikum gefragt wurde, wie das Zusammenleben der beiden deutschen Migrationstypen in Argentinien aussähe, wurde mir bewusst, dass die Geschehnisse damals in der Monroestraße 4140 alles andere als normal waren. Vielleicht war es eine Verdrängungsstrategie, dass meine Familie und ich das normal fanden – es gab nicht genügend Geld, um einfach wegzuziehen, außerdem wäre es total ungerecht gewesen –, aber normal fanden das auch andere Argentinier, die über dieses seltsame Zusammenleben trotz der scheinbar unverträglichen Unterschiede innerhalb der deutschen Kolonie Bescheid wussten und die Probleme kannten.

Wie kam es eigentlich zu diesem *clash,* nicht unterschiedlicher, sondern ein und derselben Kultur, so weit weg von ihrem Ursprung? Und wie haben die beiden verfeindeten Seiten dieser Kultur miteinander gelebt? Lauter Fragen, die man sich als Betroffener manchmal zuletzt stellt und deren Beantwortung auch für mich viele Neuigkeiten ans Licht gebracht hat. Als zweite Generation, die in Argentinien geboren ist, fühle ich mich natürlich viel mehr als Argentinier denn als Deutscher. Wie aber verhält es sich mit den Identitäten Deutscher und Jude? Ich würde da sehr gerne keinen Unterschied machen, aber den gibt es nun mal, auch wenn ich ihn nicht will, und es gab ihn noch viel stärker damals, als meine Familie nach Argentinien fliehen musste.

Ich wurde sowohl jüdisch als auch deutsch erzogen, das zweite Element wiegt am Ende schwerer, auch weil ich wieder in Deutschland lebe – genau wie zwei meiner drei Geschwister. Doch mein Deutschsein verliert sich bisweilen rasch, wenn ich unter Deutsche oder Nichtdeutsche mit dubiosen Ansichten gerate. Mit Empörung reagiere ich auf krude Anfeindungen aber so gut wie nie. Ich finde Empörung unelegant und sogar verschwendet, tendiere lieber zur Ironie.

Es gilt hier auch, meine vermeintliche Distanziertheit zu untersuchen, so schwer mir das fällt. Auch wenn ich es lieber vermeiden würde, werde ich, indem ich mich an die Geschichte der Deutschen in Argentinien mache, selbst zum Objekt dieser Studie. Schon in meiner Art, die Quellen zu lesen, werden sich alle subjektiven Züge zeigen, derer ich mir manchmal selbst nicht bewusst bin. Anders gesagt: Ich werde in den Büchern wahrscheinlich mehr Hakenkreuze entdecken als andere Leser, sogar dann, wenn vielleicht gar keine da sind. An dieser Art von Besessenheit kann man schon viel erkennen über das, was im Gehirn der dritten Generation deutschjüdischer Auswanderer, die wieder eingewandert sind, vor sich geht.

Das alles klingt sehr klar und reflektiert, kann aber schnell ins Konfuse geraten. Ist auch gut so. Dann heißt es, wir nähern uns dem Kern des Traumas. Ein geerbtes Trauma, wohlgemerkt, für alle hier Beteiligten. Das gibt uns mehr Spielraum als damals, als die Wunde noch offen war und sogar drohte, Deutsche und Juden für immer zu spalten. Oder hat der Holocaust diese Spaltung innerhalb der deutschen Kultur doch für immer vollzogen? Kann die Narbe, über die jetzt manche von uns, jüdische und nicht jüdische Deutsche und Auslandsdeutsche, mit einem gewissen Humor und Gelassenheit sprechen können, jeden Moment platzen? Ich glaube es nicht, sonst hätte ich niemals nach Deutschland zurückkehren können, und glaube es leider sehr wohl. Auf jeden Fall glaube ich, dieser Widerspruch bildet das Zentrum der Weltanschauung von Leuten mit meiner Geschichte. Wenn wir seine Genesis studieren wollen, tun wir gut daran, die Entwicklung dieser Spannungen im argentinischen Labor zu untersuchen. Die Geschichte wäre spannend genug, wenn sie Mitte des vorigen Jahrhunderts stattgefunden hätte. Sie fängt aber viel früher an, und dauert bis heute.

2 ARGENDEUTSCH

Um die Geschichte der deutschen Einwanderung in Argentinien kennenzulernen, muss man die stattliche *Geschichte des Deutschtums in Argentinien* von W. Lütge et al. zurate ziehen. Nicht nur, weil dieses Buch den ersten und bis dato umfangreichsten Versuch darstellt, sich dem Thema zu nähern, sondern vor allem, weil das Buch selbst im Brennpunkt seines eigenen Vorhabens steht. Das merkt man schon in der Wortwahl des Titels, denn es geht nicht um die Deutschen – weil sie ganz am Anfang nicht als solche existierten, oder weil es nur wenige waren, würde man als Erklärung wahrscheinlich hören –, sondern ums Deutschtum, das rein technisch gesehen eher inklusiv wirken sollte, aber für genau das Gegenteil gesorgt hat.

Dazu kommt das Erscheinungsjahr, 1955. Das Buch wurde verfasst, nachdem die deutsche Immigration nach Argentinien ihren Höhepunkt erreicht hatte. Natürlich waren viele dieser Migranten jüdischen Glaubens oder jüdischer Herkunft, also aus Sicht der im Land Eingesessenen, die sich dem Naziregime gleichgeschaltet hatten, keine »richtigen Deutschen«. Der offizielle Schreibanlass war das 100-jährige Bestehen des »Deutschen Klubs« in Buenos Aires, dem ältesten deutschen Verein im Lande, der das Ziel hatte, »den Neu Eingewanderten zu zeigen, dass die Mitwirkung der Deutschen am Aufstieg Argentiniens bis in die Anfänge seiner Geschichte zurückreicht«.

Und noch weiter zurück, hätte es heißen sollen, denn der Amateurhistoriker Lütge schreibt in diesem Buch, dass sogar in vorgeschichtlichen Zeiten Deutsche und andere Bewohner des »Heiligen Römischen Reichs Deutscher Nation« in diesem von Spaniern kolonisierten Teil der Erde Fuß fassten. So betrat zum Beispiel Ende März 1520 der deutsche Hans Vargue den Boden des Landes, das später Argentinien heißen wird. Er war Artillerie-Kommandant auf einem der fünf Schiffe, mit denen Ferdinand Magellan die nach ihm genannte Magellanstraße – die Verbindung zwischen Atlantik und Pazifik im Süden des Kontinents – entdecken würde. Vargue war bei der Entdeckung dabei, starb aber, ohne seine Früchte ernten zu können. Deshalb ist es für den Verfasser »eine tragische Geschichte, über der das Wort ›Beinahe‹ geschrieben steht, das für so viele deutsche Unternehmungen gilt«. Von welchen anderen Unternehmungen da die Rede ist, bleibt dahingestellt.

Nicht viel besser erging es dem Bayern Ulrich Schmidl, auch wenn er 1536 an der Gründung der Stadt Buenos Aires teilgenommen und später die älteste noch erhaltene Chronik des Landes veröffentlicht hat. Von ihm wird im Buch berichtet, dass er »in deutscher Treue« an seinem

Führer gehangen hat und dass er, obgleich »keineswegs von Natur aus grausam«, die indigene Bevölkerung in erster Linie als Beutegut betrachtet habe. Schmidl erklärte, lieber junge Menschen als alte erbeutet zu haben, und diese Strategie findet der Verfasser W. Lütge von »rührender Naivität«.

Im nächsten Kapitel übt er selbst mit rührender Naivität ein wenig Rassenlehre. So erfahren wir, dass die »Mischlinge« der ersten Generation den Indios näherstanden als den europäischen Urvätern, wenn auch die allmähliche Assimilierung die Gegensätze allmählich ausglich: »die Zufuhr frischen europäischen Blutes« verhinderte letztendlich die »Aufsaugung der Einwanderer durch die Urbevölkerung«. Doch die Deutschen seien leider »in dieser indianisch-europäischen Mischrasse aufgegangen« und »das deutsche Element« stelle heute nur noch »einen Tropfen in der Blutmischung« der *criollos.* Immerhin habe aber »das Deutschtum«, vor allem durch den *conquistador* Schmidl, einen nicht unerheblichen Beitrag zur Conquista des Río de la Plata geleistet.

Ich gehe davon aus, dass spätestens hier – immerhin befinden wir uns auf Seite 37 des fast 400 Seiten starken Machwerks – der unbeteiligte deutsche Leser, so es ihn denn gibt, die Hand eines Nazis am Werk erkennt. Ich war mir schon wegen des Titels sicher, auch wenn das Wort »Deutschtum« älter ist als der Nationalsozialismus. Und tatsächlich war W. Lütge Mitglied der NSDAP. Alle in seinem Umfeld waren Mitglieder der Partei, wenn nicht formell, dann doch zumindest im Geiste. Und wenn nicht im Geiste, so doch nach Auffassung meiner Familie und aller jüdischen Familien im Land, deutsch oder nicht deutsch. Ich kann mir gut vorstellen, dass die Kinder und Enkelkinder dieser Familien niemals die noch vorhandenen Räumlichkeiten des Klubs betreten haben und es auch nicht würden. Ich hingegen wurde vor einigen Jahren von einer alten Dame dorthin eingeladen, die von meiner Geschichte beeindruckt war und eine Lesung organisieren wollte. Sie konnte sich mit ihrem Vorhaben beim Vorstand nicht durchsetzen. Die Aussicht und das Fleisch im Restaurant des Klubs – übrigens jetzt im selben Gebäude wie das Goethe-Institut untergebracht – waren nichtsdestotrotz hervorragend.

Den nächsten Höhepunkt deutscher Unterstützung bei der Entwicklung des Landes – jedenfalls nach Herrn Lütge, wobei ich als Jude eher auf das, was fehlt, als auf das, was drinsteht, achte – bildeten im 17. Jahrhundert die deutschen Väter der Jesuitenreduktionen, die als »vorbildliche Kolonisatoren« galten. Überhaupt gehörte das »heilige Experiment« zu »den größten Leistungen amerikanischer Geschichte«, da die Indios in den Missionen auf einem »kulturellen Niveau« leben dürften, »das sie weder vorher gekannt noch nach ihrer ›Befreiung‹ von der Vormundschaft der Väter wieder erreicht haben«. Der einzige Vorwurf des Verfassers gegen diese »geistigen Eroberer« ist, dass sie »religiösen Kommunismus« betrieben haben.

Mitte des 19. Jahrhunderts nahm die Einwanderung in das »ferne Land der Möglichkeiten« zu, wenn auch in übersichtlichem Ausmaß. Lütge erklärt, dass sich die Deutschen zu schnell unter die vorhandene Gesellschaft mischten, sodass ein paar Generationen später nur noch der Name an ihr Deutschtum erinnerte. »Der Grund für diese rasche Assimilierung liegt wohl nicht so sehr an der geringen Resistenz des deutschen Volkstums fremden Einflüssen gegenüber, sondern an dem Fehlen einer politischen und wirtschaftlichen Stützung durch die Heimat.« Aha. Laut Lütge fehlte es den Deutschen an »nationalem Selbstgefühl«, also jenem Gefühl, das er selbst mit Hitlers Hilfe entdecken konnte und das ihm dann wieder genommen wurde.

Das war sehr bedauerlich, fährt der Verfasser fort, vor allem, wenn man die »großartige Vision« Sarmientos kennt. Der argentinische Nationalerzieher und Präsident des Landes zwischen 1868 und 1874 träumte von einer deutschen Auswanderungsbewegung nach Südamerika, die sich über den ganzen Subkontinent ausbreiten und Landwirtschaft und Industrie zum Blühen bringen sollte, wo »nutzlose Wälder« standen. »Südamerika wird dann an Macht und Reichtum mit Nordamerika wetteifern können«, wird Sarmiento zitiert, »und große Staaten mit reicher Produktion werden dann das Gleichgewicht zwischen den beiden Rassen herstellen, welche die Bevölkerung Amerikas bilden.«

Die patriotische Mattigkeit der Deutschen in Argentinien würde sich erst nach dem Deutsch-Französischen Krieg 1870/71 ändern. Mit der Ankunft eines Vertreters des Deutschen Reichs beginnt eine neue Epoche. Lütge zitiert – und *zitiert* bedeutet hier *belegt* – eine zeitgenössische Quelle, in der das Verschwinden aller Feindschaften unter den Deutschen gepriesen wird: »Leute, die durch die Verschiedenheit ihrer Lebenseinstellungen nie miteinander in Berührung gekommen waren, traten in freundschaftliche Berührung, kurz, der Deutsche war eben nur ein Deutscher.« Betrifft das auch endlich die Juden? Wohl kaum, wie wir sehen werden.

Aus eigener Feder fügt der Verfasser hinzu, dass dieser »glorreiche Aufschwung der deutschen Nation« die deutsche Kolonie in Buenos Aires aus ihrer Dunkelheit riss. »Sie erfuhr mit einem Male, um wie viel mehr Überredungsgabe die Stimme der Kanonen besitzt als die Stimme der Philosophen.« Jetzt marschierten die deutschen Kaufleute wie die deutschen Soldaten: »Schnell wie der Blitz, in mächtigen Haufen und immer vorwärts, immer vorwärts.«

Apropos vorwärts: Kirche und Schule seien traditionell »die wesentlichen Einrichtungen gewesen, die der Erhaltung des Volkstums dienten«, erzählt uns die *Geschichte des Deutschtums* weiter. Bis ein neuer Typ Einwanderer eintraf, der nicht mehr »zum besten deutschen Bürgertum gehörte«, sondern »republikanisch, fast kann man sagen, sozialistisch eingestellt war«. Es kam zu geschmacklosen Auseinandersetzungen, als die »neuen Elemente«, d. h. die durch Bismarcks Sozialistengesetze vertriebenen Sozialdemokraten, das Gemeindeleben zu demokratisieren versuchten. »Türen und Fenster des Sitzungsraums mussten geschlossen werden, um nicht

Außenstehende das bedauerliche Schauspiel deutscher Uneinigkeit mit ansehen zu lassen.«

Richtige deutsche Errungenschaften sind hingegen die erste und selbst die zweite Druckerei in der Region sowie die Reformierung der Heilkunde durch Pater Sigismund Aperger. »Wenn dieser Deutsche nicht ins Land gekommen wäre, lebte die Hälfte der Menschen in unserer Ordensprovinz höchstwahrscheinlich nicht mehr«, wird ein spanischer Priester zitiert. Dazu wird berichtet, dass die argentinische Flagge am 25. Mai 1812 in einer von einem Deutschen erbauten Kirche geweiht wurde, wo »auch ein Deutscher, Baron Holmberg, Fahnenträger war«. Zu den Verdiensten Holmbergs zählt u. a., dass er seine Milizsoldaten zwang, »die schlechte Gewohnheit der Siesta« aufzugeben.

Apropos Soldaten: Als der Argentinisch-Brasilianische Krieg 1825 ausbrach, entpuppten sich die ersten deutschen Siedler des Landes als schlechte Soldaten. »Diese Deutschen sind nicht imstande, selbst auf ihre Pferde aufzupassen«, meckerte der Berufssoldat Brandsen in seinen Tagebüchern. Aber auch wenn die militärischen Leistungen der Kolonisten »gewiss kein Ruhmesblatt in der Geschichte des Deutschtums in Argentinien« darstellen, haben es die Verfasser »nicht nötig, ihre Geschichte zu retuschieren, denn es hat genug Deutsche gegeben, die sich als tapfere Soldaten im argentinischen Heer bewährt haben«.

Bei solchen Stellen des Buches muss ich immer wieder lachen. Ob mein Großvater auch gelacht hätte, ist dagegen fraglich, und nicht nur, weil er dieses Buch wahrscheinlich nie hätte lesen wollen. Dasselbe gilt für meinen Vater. Die ironische Distanz braucht mehr als eine Generation, um sich zu entwickeln. Ist das ein Fortschritt? Ich denke schon. Sie sollte aber auf beiden Seiten vorhanden sein. Dann schafft die gemeinsame Distanz eine plötzliche Nähe. Als ob wir uns wieder treffen würden. In weiter Ferne, so nah!

Weitere deutsche Errungenschaften, die im Buch erwähnt werden, lassen die anderen Migrantengruppen, die viel stärker im Land präsent sind, fast verblassen. Ganz knapp resümiert: Die ersten Merinoschafe wurden von einem Bremer gezüchtet; es waren Deutsche, die »die kahlen Ebenen mit anderen Bäumen als Pfirsichen bepflanzten und den Gartenbau einführten«, und aus Deutschland stammten auch die Geologen, die »die Grundlagen der argentinischen Geologie« geschaffen haben. Dem Deutschen Neumann aus der Kolonie »Nueva Germania« sei die Entdeckung eines Verfahrens zu verdanken, mit dem Yerba Mate, das argentinische Nationalgetränk, angebaut werden konnte; und Hans Keidel entdeckte 1907 »beim Bohren nach Wasser in Comodoro Rivadavia plötzlich Erdöl«. Der erste (und letzte) argentinische Gouverneur der uns so teuren *Malvinas* (die Falkland-Inseln in der Sprache der See- und Inselräuber) war der Hamburger Luis Vernet; deutsch war auch der erste Kindergarten Argentiniens (weswegen wir auch die wortwörtliche Übersetzung *»jardín de infantes«* noch heute benutzen); ebenso das erste Automobil, das in

Argentinien gefahren wurde, die erste Dampf-Drehmaschine und die erste Dampfmühle. Der Ruderverein Teutonia verbreitete »den damals in Argentinien noch fast unbekannten Rudersport«, deutsche Baufirmen bauten die ersten Straßen- und U-Bahnen, errichteten den ersten argentinischen Wolkenkratzer und sogar den *obelisco,* »das Wahrzeichen von Buenos Aires«.

Erstaunlicherweise ist diese Aufzählung immer noch nicht komplett. Wie der prächtige Band »Argentinien-Deutschland: 150 Jahre bilaterales Verhältnis« hervorhebt, fehlt noch das Bandoneon (und somit der Tango) und das Fleckvieh, »die Kuh, die den argentinischen Mythos zu schaffen half«. In der *Sittengeschichte des Kinos* von Curt Moreck (Konrad Haemmerling) wird übrigens berichtet, dass Anfang des vorigen Jahrhunderts Buenos Aires die Hochburg für die Produktion pornografischer Filme war, aber wieder lag die »Herstellung in den Händen eines Deutschen«.

Auch wenn alle meine Vorfahren aus Deutschland kamen, ich eine deutsche Schule besucht und mehrere Jahre in Heidelberg und Berlin gelebt habe, habe ich mich immer als Argentinier und nicht als Deutscher verstanden. Erst jetzt entdecke ich, dass es fast dasselbe ist.

3

EINE GESCHICHTE DES JÜDISCHEN DEUTSCHEN

Ich habe die *Geschichte des Deutschtums in Argentinien* so ausführlich zitiert, um zu zeigen, dass sie nicht meine Geschichte ist, egal wie deutsch und argentinisch ich sein mag. Es fehlt darin nämlich, wie der vorurteilsfreie Leser schon erahnen konnte, ein kleines Element, nämlich das des jüdischen Deutschen. Auf den knapp 400 Seiten behandeln diesen Teil der deutschen Kolonie gerade mal drei Unterkapitel, durchaus problematische obendrein.

Dabei hätte es gute Gründe gegeben, auch hier die ganze Geschichte des Landes einem Deutschen zuzuschreiben, nämlich Luis Hartwig Brie (1834–1917). Aber vielleicht haben die Herren vom Deutschen Klub – dem »Versammlungsort aller angeekelten Ehemänner, gelangweilter, dem Alkohol ergebener Junggesellen«, der sich zu Festzeiten in einen Marktplatz verwandelte, »um die Töchter auszustellen und an die Meistbietenden zu verkaufen«, wie es im Roman *Morath schlägt sich durch* vom nicht jüdischen Deutschen Max René Hesse aus dem Jahr 1933 heißt – nicht gewusst, dass Brie, der als erster argentinischer Jude gilt, in Hamburg geboren wurde.

Was aber Lütge et al. mit Sicherheit wussten und dennoch nicht berichten, ist, dass Baron Maurice Hirsch, dessen Großvater einer der wenigen Juden war, die einen Adelstitel erhielten, 1831 in München auf die Welt kam. Nachdem sein einziger Sohn früh gestorben war, entschied sich der Baron, sein Erbe in (jüdische) philanthropische Projekte zu investieren. Damals wurde die Einwanderung vonseiten der argentinischen Behörden stark gefördert. Mit dem Dampfschiff *Weser* kamen 1889 achthundert jüdische Russen aus Bremen, was der Hälfte aller in Argentinien ansässigen Juden entsprach. Wie in der *Geschichte der jüdischen Einwanderung* von Haim Avni zusammenfassend steht, hatten sich mehrere Familien aus Podolien (ein Gebiet zwischen der heutigen Ukraine und Moldau) vor möglichen Pogromen in Sicherheit bringen wollen. Ein Vertreter wurde nach Paris geschickt, um eine Migration nach Palästina in die Wege zu leiten, doch er scheiterte und erwarb stattdessen Land in Argentinien. Als die Einwanderer dort ankamen, hatte das Stück Land, das sie gekauft hatten, so sehr an Wert gewonnen, dass der Verkäufer, ein argentinischer Großgrundbesitzer, das Geschäft platzen ließ. Als Trost wurden ihnen weit schlechtere Ländereien zur Verfügung gestellt.

Der Betrug gelangte zu Hirschs Ohren. Mit finanzieller Unterstützung der jüdischen Gemeinde in Berlin und mithilfe des auch in Berlin gegründeten *Deutschen Central Komitee für die Russischen Juden* begann das spektakuläre Projekt der *Jewish Colonization Association* (JCA), das

Argentinien in ein neues Zion und den Baron in einen neuen Moises verwandeln sollte.

Doch auch dieses Projekt scheiterte – wie übrigens auch die deutschen Kolonisten, die schon seit Mitte des 19. Jahrhunderts ihr Glück in verschiedenen Regionen des Landes versucht hatten. Die JCA plante, eine Million Juden ins Land zu holen, schaffte aber tatsächlich im ersten Jahrzehnt nur 10000, also 1 %. Und darunter waren viele, die schnell zurückkehrten. Kurzfristig jedoch rettete das Vermögen des Barons (es wurde wohlgemerkt nur als günstige Anleihe den Einwanderern zur Verfügung gestellt) viele Leben und unterstützte die spontane jüdische Migration. Der englische Reisende Elkan Adler schrieb 1905, es sei egal, wie viel Wert oder Erfolg man den Hirsch-Kolonien zuschreiben könne, ihrer Existenz sei zu verdanken, dass sich in Argentinien so viele jüdische Immigranten niedergelassen haben, mehr als in jedem anderen Land Südamerikas. Er sah Buenos Aires in dieser Hinsicht als ein künftiges New York, womit er nicht ganz danebenlag: Heutzutage gibt es hier mehr Psychoanalytiker als in der Stadt Woody Allens. Die *gauchos judíos,* wie sie der berühmte argenjüdische Schriftsteller Alberto Gerchunoff im gleichnamigen Buch von 1910 getauft hat, haben »Weizen gesät und Doktoren geerntet«. Man kann also gut argumentieren, dass sie den Weg für die Juden aus Deutschland gebahnt haben, als die Pogrome sich ausbreiteten.

Nichts davon lässt sich in der *Geschichte des Deutschtums in Argentinien* finden. Und ich möchte hinzufügen:

Kaum einer der Leser, für die es geschrieben wurde, hätte das gern lesen wollen. Die Kolonien von Hirsch werden zwar kurz erwähnt, es ist von einem »eigenartig fremden Bild« einer Synagoge die Rede, von einem »Ausschnitt orientalischen Lebens hier mitten in der Pampa«, sogar von »stark gekrümmten Nasen«. Aber Lütge kann nichts dafür, er zitiert hier nur aus Wilhelm Vallentins *Streifzüge durch Pampa und Kordillere Argentiniens.*

Über die Gruppe der ab 1933 aus Deutschland »ausgewanderten« Juden heißt es später:

> Sie wurden von dem offiziellen Deutschtum selbstverständlich nicht mehr als Deutsche anerkannt und legten selbst auch keinen Wert mehr darauf, sondern versuchten vielmehr, sich so rasch wie möglich in Argentinien zu assimilieren. Gerade die deutschen Juden aber haben die stärkste Welle deutschen Einflusses mitgebracht, den Argentinien in den letzten Jahrzehnten erfahren hat.

45000 an der Zahl, davon 15000–17000 zwischen 1934 und 1937, übten sie einen »außerordentlich starken Einfluss auf die Industrialisierung des Landes, auf die Europäisierung vieler Aspekte des Geschäftslebens und nicht zuletzt auf die Verbreitung der Kultur, insbesondere der Musik«, aus.

Man fragt sich nur: Welche Kultur, welche Musik? Natürlich die deutsche, auf die diese Vertriebenen, darunter auch mein Großvater, unheimlich viel Wert legten.

> »Heute ging ich ausnahmsweise einmal frisch aus dem Geschäft«, schrieb er in sein Tagebuch am 22. Oktober 1936, als er noch in Hamburg lebte und Rabbiner werden wollte. »Dann kam ich an einem Radiogeschäft vorüber und herrliche Walzerklänge, natürlich Strauss, hielten mich in meinem Gange auf. Mit einem Male kam mir der Gedanke, dass es gar nicht mehr so weit sei, dass ich von hier fortfahren werde in eine fremde Welt. Gibt es da auch Strauss? Gibt es dort auch Musik, die einen wiegt und mit der man lebt? Und plötzlich erkannte ich, wie stark man mit dieser Deutschen Kultur verwachsen ist. Beethoven, Mozart, Haydn, Mendelssohn, Strauss und viele andere. Sind das nicht Selbstverständlichkeiten?«

Mit der Zeit sahen selbst die Herren des Deutschen Klubs ein, dass es in Lütges Buch einige problematische Stellen gab, z. B. die oben zitierte, und haben ihn in der zweiten Auflage gründlich überarbeitet. Das geschah 1981 aus Anlass ihres 125. Jubiläums – in einer bescheidenen Ausgabe des Verlags Alemann, unter dem bekömmlicheren Titel *Deutsche in Argentinien* und dem Engagement zweier weiterer Verfasser. Jetzt heißt es offiziell an der gleichen Stelle:

> »... die Ächtung des Judentums in Deutschland ... hatte zur Folge, dass die antinazistisch gesinnten Kreise sich schon bald nach 1933 durch eine weitere Gruppe von Menschen deutscher Herkunft erwei-

> terten: die aus Deutschland zuwandernden Juden, denen es gelungen war, rechtzeitig vor noch schlimmerer Verfolgung ihre Heimat zu verlassen, in der man sie nicht mehr als Deutsche ansehen wollte, und die nun versuchen mussten, in Argentinien so rasch und so gut wie möglich Fuß zu fassen.«

Bei der Gelegenheit strich man auch den letzten Abschnitt des 1955er-Buches, in dem es u. a. hieß:

> »Noch ist die tiefe Spaltung, die das Deutschtum 1933 erlitten hat, nicht völlig überwunden, aber ihre Ursachen gehören der Vergangenheit an und für die Zukunft gilt nur das Gebot immer größerer Einigkeit. Eine neue, zahlenmäßig geringe, durch ihre beruflichen und geistigen Qualitäten aber bedeutsame Schicht von Einwanderern weiß nichts von den Kämpfen der letzten Jahrzehnte und trägt dazu bei, die Decke über die Vergangenheit immer fester zu schließen.«

In der »neuen« *Geschichte* von 1981 kommen plötzlich auch die Juden vor, die bereits vor 1933 im Land waren. So erfahren wir zum Beispiel, dass der erste nicht argentinische Präsident der Zentralbanken des Landes ein jüdischer Deutscher war. Als Ausrede für das Weglassen dieser Information in der Ausgabe von 1955 behaupten die Verfasser, dass er doch Teil der deutschen Kollektivität gewesen sei und deswegen auch selbstverständlich – und stillschweigend – in der *Geschichte* derselben mit inbegriffen.

> »Dieses hier bereits verwurzelte Judentum deutscher Herkunft war im Wesentlichen Bestandteil der deutschen Kolonie und ihrer Organisationen; insofern ist seine Geschichte in dem mit enthalten, was über die zurückliegende Entwicklung in diesen Blättern gesagt ist.«

Doch erst in dieser neuen Ausgabe wird Hirsch wieder als »Baron« betitelt und über seine Kolonien ausführlich berichtet; erst jetzt taucht zumindest der Name der (meiner) Pestalozzi-Schule auf, die wichtigste Anti-Nazi-Institution Argentiniens und womöglich ganz Lateinamerikas während des Dritten Reichs. Dass all das in der Erstausgabe fehlte, wussten auch ihre Verfasser:

> »Es ist zu erwarten und zu hoffen, dass unser Buch auf eine Kritik stößt, die ihm vor allem manche Unterlassungen vorwerfen wird. Diese Kritik wird uns umso willkommener sein, wenn sie von Hinweisen begleitet ist, die ein Ausfüllen der Lücken ermöglichen.«

Das Auslassen der jüdischen Deutschen war aber keine Lücke, oder doch, eine gewollte. Ich würde sogar behaupten, dass diese Lücke eins der Hauptziele des Buches ist. Gerade wenn so viele Juden ins Land kamen, galt es, das wahre, reine Deutschtum vor ihrem Einfluss zu schützen. Übertreibe ich gerade? Gebe ich den Juden eine Wichtigkeit, die nur sie zu haben glauben? Mag sein, ist aber wahrscheinlich der einzige Schluss, den ein jüdischer Leser aus der systematischen Auslassung alles Jüdischen bzw. der Glorifizierung alles Deutschen ziehen kann. Manches bleibt auch in der überarbeiteten Fassung von 1981 ungetrübt beim Alten: Albert Einstein besuchte Argentinien 1925 und ist der berühmteste Gast, den Argentinien jemals empfangen hat. Er wird aber nur flüchtig erwähnt und sein Name taucht nicht im Personenregister auf. So ignorierte auch der Deutsche Klub damals Albert Einstein und erwies stattdessen ostentativ dem ehemaligen Chef der Reichsmarine, Admiral Paul Behnke, die Ehre.

1981 wird immer noch von »Rassen« berichtet, und man ignorierte die Möglichkeit, andere unappetitliche Stellen zu streichen, wie etwa das Lob am indigenen Genozid. »Wenn man bedenkt«, heißt es nach wie vor in Kapitel 7, »dass die Indianer im Süden des Landes kaum mehr als 15000 Köpfe zählten, begreift man nicht, dass man so lange Zeit brauchte, die Gefahr zu beseitigen.« Erst mit dem »Zug in die Wüste« von General Roca, der mit den preußischen Feldzügen vertraut war und der eine wissenschaftliche Kommission mit sich nahm, die ausschließlich aus Deutschen und Argentiniern deutscher Abstammung bestand, wurde man dieser »Plage« (auch für die deutschen Kolonien) Herr: »Von den 15000 Indios des Südens wurden 14000 getötet oder gefangengenommen. Der unbedeutende Rest stellte keine Gefahr mehr dar.«

Vor ein paar Jahren erlebte die Geschichte dieser *Geschichte* eine dritte Überarbeitung, denn es erschien eine spanische Übersetzung, oder besser gesagt Übertragung, auch im konzeptuellen Sinn. Die Autorin, Frau Prof. Dr. Regula Rohland de Langbehn, ist im Nachkriegsdeutschland geboren, verbrachte ihre Jugend in Argentinien, promovierte in Heidelberg in Romanistik und kehrte nach Argentinien zurück, wo sie den Lehrstuhl für deutsche Literatur an der Universität Buenos Aires jahrzehntelang innehatte. An der Universidad de San Martín gründete sie ein Dokumentationszentrum für deutschsprachige Immigration nach Argentinien. In ihrem Vorwort befasst sich Rohland mit den in der 1981er-Auflage vollzogenen Änderungen, wie etwa der Auslassung des »Politischen Clubs der Ausländer«, der Ende des 19. Jahrhunderts von liberalen Deutsch-Schweizern gegründet worden war und vielleicht – das füge ich hinzu – gefährlich sozialistisch im Zeitalter des Kalten Krieges klang. Die Übersetzerin nimmt die braungesinnten Autoren wegen ihrer mangelhaften Aufarbeitung der Nazizeit aber gewissermaßen in Schutz, da zu ihrer Zeit die Kollegen in Deutschland schließlich auch nicht viel fortgeschrittener in Sachen Vergangenheitsbewältigung gewesen seien. Dagegen betont Rohland die Mühe der beiden zusätzlichen Autoren, den Beitrag jüdisch-deutscher Intellektueller und Künstler im neuen Land zu würdigen. Einer dieser Autoren ist Karl Klingenfuß, an dessen Rolle als Mitarbeiter der deutschen Botschaft in Buenos Aires während der Nazizeit in journalistischen Sachbüchern in dunkelsten Tönen erinnert wird. Doch nachträgliche, von »Akademikern« betriebene Forschungen weisen alle Verdächtigungen gegen den späteren Präsidenten der Deutsch-Argentinischen Handelskammer zurück.

Die spanische Übersetzung wird als dritte Auflage des Buches präsentiert, und es gibt Fußnoten, Textkästchen und Abbildungen der Übersetzerin-Lektorin. So erfährt man von dem Philologen Eilhard Schlesinger, der als Jude in Argentinien Zuflucht fand und dann nach Deutschland zurückkehrte, oder von der Geschichte des Hotels Edén in La Falda (Provinz Córdoba), das von persönlichen Freunden Hitlers betrieben und darum nach dem Krieg als deutsches Eigentum beschlagnahmt wurde. Mit einer zeitgenössischen Abbildung wird Einsteins Besuch endlich auch zu einem denkwürdigen Ereignis umgedeutet. Überhaupt wird dank Rohland – womit das Werk bereits sechs Verfasser hat, keiner davon ist Historiker – die Nazivergangenheit von Personen und Institutionen thematisiert und endlich Namen wie Eichmann und Mengele als Teil der Geschichte der Deutschen in Argentinien einbezogen.

Es gibt mittlerweile neuere Versuche, das Thema aufzugreifen, aber auch wenn diese Bücher – z.B. *Alemanes en Argentina* vom Hobby-Historiker Alberto Sarramone oder *Deutsche Spuren in Argentinien: zwei Jahrhunderte wechselvoller Beziehungen* und *Fluchtpunkt Río de la Plata: Die Emigration deutscher Juden nach Argentinien* vom ehemaligen Kulturattaché Bernd Wulffen – ideologisch unproblematisch sind, bleiben sie an Bedeutung weit hinter dem einmaligen Kollektivwerk des Deutschen Klubs zurück. Mit seinen verschiedenen Fassungen, die in der Sprache des Ausgangslandes beginnen und in der des Ankunftslandes enden, wird das Buch selbst zum wesentlichen Teil der Geschichte, die es zu erzählen trachtet. Meine eigene Geschichte muss ich trotzdem anderswo suchen.

4

DAS GEFOLGE DES BARONS

Als ich vor einem Jahrzehnt beim Literaturfestival lit. Cologne zusammen mit anderen argentinischen Schriftstellern auftreten durfte, war die erste an mich gerichtete Frage der Moderatorin, ob meine Vorfahren als deutsch-jüdisch oder jüdisch-deutsch zu bezeichnen seien. Ein unnötiges Dilemma, das einem Autor mit deutschen Vorfahren anderen Glaubens sicherlich erspart geblieben wäre. Es gibt aber eine sehr schöne Antwort auf diese Frage, die nur im Ausland lebende Deutsche jüdischer Abstammung kennen: Wir sind *Jeckes.* Das jiddische Wort soll von »Jacke« kommen und war in Palästina angeblich ein spöttischer Hinweis auf die komische Art der aus Deutschland stammenden Juden, sich zu kleiden, sogar in der orientalischen Hitze. Oder wurde es womöglich vom kölschen Wort *Jeck* abgeleitet, dem (positiv konnotierten) Narren im Karneval? Wie auch immer, die so angesprochene Gruppe nahm den Spott auf und verwandelte ihn in ein neutrales, ja sogar ehrenhaftes Konzept.

Die Geschichte der Jeckes beginnt in Büchern über jüdische Immigration in Argentinien ähnlich wie die deutsche in den deutschen. Auch hier erfährt man erstaunt, dass die Juden bereits vor den Spaniern in Argentinien gewesen seien. Das behauptet der Dominikaner Bartolomé de las Casas und bestimmt die Ureinwohner des Kontinents als Nachkommen der zehn Stämme Israels. Eine Gegenüberstellung von Quichua und hebräischen Wörtern und Gewohnheiten bekräftigt auf der einen Seite diese Hypothese. Auf der anderen Seite gibt es anscheinend Hinweise darauf, dass auch Kolumbus jüdischer Herkunft gewesen sei, womit sich die Juden also selbst erobert hätten – nur leider zum Vorteil der Kirche.

Doch auch wenn der erste argentinische Jude, wie schon erwähnt, aus Deutschland kam, und es noch dazu deutsche Juden waren, die gemeinsam mit Elsässern und Engländern die erste jüdische Gemeinde des Landes gründeten – die *Congregación Israelita de la República Argentina* (CIRA) im Jahr 1862 –; auch wenn die osteuropäischen Kolonien von Deutschland aus organisiert und finanziert wurden und unter den frühen Siedlern ein Fall wie der des deutschjüdischen Pioniers Hermann Weil aus Steinfurt vorkommt, der später eine große Getreideexport-Firma gründete und auf Anregung seines Sohnes Félix José das Institut für Sozialforschung in Frankfurt in den Zwanzigerjahren materiell unterstützt hatte –; trotz all dieser Nuancen bleibt die Geschichte der Juden in Argentinien vorwiegend eine russische. Aus diesem Grund werden die Juden auf Argentinisch auch – mehr oder weniger diskriminierend – *rusos* genannt.

Doch bevor diese *rusos* Ende des 19. Jahrhunderts mithilfe der *Jewish Colonization Association* ankamen, trafen aus Russland die sogenannten Wolgadeutschen ein, also ethnische Deutsche, die am unteren Teil der Wolga im Russischen Reich lebten. Sie bildeten die erste große organisierte Gruppe von Agrarsiedlern, mit denen man die Pampa bevölkern wollte. Anfang des 20. Jahrhunderts machten sie fast 90 Prozent der 100000 in Argentinien lebenden Deutschen aus. Ihr Ruf war allerdings nicht der beste, vor allem aufgrund ihrer »mangelnden Kultur« und ihrer Verschlossenheit. Der spätere Migrationskommissar Samuel Navarro sprach von »einem Unheil für das Land«, Präsident Sarmiento plädierte für eine Beschränkung solcher Einwanderer, und die in ihrer Nähe liegenden jüdischen Kolonien des Barons Hirsch sollten später unter diesem schlechten Image leiden.

Schlimmer noch traf die jüdische Gemeinde eine weitere, in diesem Fall politische Verallgemeinerung. Mit den jüdischen Russen kam auch eine ganze Reihe Anarchisten und Bolschewisten ins Land. Der bekannteste von ihnen war Simón Radowitzky, der Ende 1909 im Alter von achtzehn Jahren den Chef der Polizei, Oberst Ramón Falcón, mithilfe einer Bombe ermordete, als Rache für die blutige Unterdrückung der damals streikenden Arbeiter. Die JCA wurde daraufhin informiert, dass die Regierung keine neuen Einwanderer dulde, die gefährlich für das Gemeinwohl sein könnten. Die bereits Angesiedelten wurden alle kritisch beobachtet, jüdische Organisationen wurden attackiert. Zehn Jahre später, im Rahmen der sogenannten »Tragischen Woche«, als die Arbeiterbewegung regelrecht massakriert wurde, kam es zu Pogromen auch vonseiten der Polizei. In den dazwischenliegenden Jahren hatten sich viele jüdische Einwanderer als Deutsche ausgegeben, um diesbezüglichen Probleme aus dem Weg zu gehen.

Die schwerwiegendste Bedrohung für die jüdische Gemeinde kam aber von jüdischen Menschenhändlern aus Polen. Verkleidet als Hilfsverein *Sociedad de Socorros Mutuos,* operierte in den ersten Jahrzehnten des vorigen Jahrhunderts eine breite Organisation von Zuhältern, bekannt als die *Zwi Migdal.* Vorwiegend aus Polen wurden Mädchen mit falschen Heiratsversprechen nach Argentinien gelockt und dann versklavt. Die Frauen mussten Dutzende Männer pro Tag bedienen, die Freier standen im Flur Schlange. Obwohl die Mädchenhändler von der Gemeinde verachtet und ausgegrenzt wurden, waren ihre Macht und ihr Vermögen groß genug, um eigene Institutionen zu schaffen – darunter das größte jiddische Theater mitten in Buenos Aires und sogar einen eigenen Friedhof in den Vororten der Hauptstadt (den die Jeckes bis heute nicht haben). Erst 1930, nachdem Raquel Liberman Anzeige erstattete und (antisemitische) Militärs an die Macht kamen, wurde der kriminelle Verband zerschlagen.

Kurz danach kam die Machtergreifung Hitlers, und mit ihr begann erst individuell, dann massiv die Einwanderung deutscher Juden ins Land. Dieser Teil der Einwanderung, der mithilfe der JCA gefördert wurde, war noch schlechter organisiert als bei den russischen Juden 40 Jahre zuvor. Bis dahin waren die Juden aus Deutschland nur Vermittler für ihre Glaubensbrüder aus dem

Osten gewesen und nicht bereit, das harte Los eines neuen Lebens als Bauern auf sich zu nehmen. Nach den mageren Erfolgen der ostjüdischen Einwanderung war die JCA auch nicht mehr geneigt, die Verantwortung für eine organisierte Massenauswanderung zu tragen. Dazu kam, dass die Einwanderungsgesetze zwischenzeitlich verschärft worden waren und die JCA die entsprechenden Bestechungen nicht annehmen wollte, angeblich, um ihren Ruf zu schützen. Die einheimische Gesellschaft zur Protektion israelitischer Einwanderer (Soroptimist) entwarf neue Agrarprojekte – weniger extensiv als intensiv und in der Nähe von Buenos Aires –, doch der argentinische Zweig der JCA berief sich auf zu hohe Kosten und lehnte ab. Auch wenn später in Entre Ríos die jeckische Kolonie Avigdor entstand und in Choele Choel, im Norden Patagoniens, eine Lehrfarm mit jugendlichen Jeckes eingerichtet wurde, blieb die Einwanderung aus dem deutschsprachigen Raum ein eher individuelles oder familiäres Unternehmen und endete meistens in Buenos Aires.

5 UNSERE LEUTE

Die richtige Geschichte der Jeckes in Argentinien begann Anfang 1933, als direkte Reaktion auf die ersten antisemitischen Ausbrüche innerhalb der Gemeinde. Nicht, dass es solche Diskriminierungen nicht schon früher gegeben hätte, wie man dem bereits erwähnten autobiografischen Roman von Max René Hesse entnehmen kann, der Anfang der 30er-Jahre im Deutschen Krankenhaus von Buenos Aires spielt. Dort gibt es eine kleine Szene, in der Frau Konsul Ruhnke, »Freundin des Kaisers und königlichen Prinzen«, das Krankenhaus besichtigt, um zu entscheiden, ob sie Geld geben will. Doch »sie liebe nun mal Israel nicht«, sodass der Neuling Morath sie herumführt und nicht sein jüdischer Chef Dr. Wiedener.

Tatsächlich entstand im Deutschen Krankenhaus eine erste Spaltung, als der (jüdische) Direktor von einem (Nazi-)Arzt attackiert wurde und eine Gruppe von Juden, angeführt von Adolf Hirsch (eine andere Linie als der Baron), den Hilfsverein Deutsch sprechender Juden gründete. Zu diesen sogenannten Alteingesessenen hätte der Vater meiner Großmutter väterlicherseits gehören können, der Anfang des Jahrhunderts als Abgesandter der deutschen Firma Osram in das Land der unendlichen Möglichkeiten geschickt wurde. Allerdings ist er 1922 nach Deutschland zurückgekehrt, weil seine Frau das südländische Leben nicht mehr aushalten konnte, und hatte da die tollkühne Idee, mit seinem argentinischen Geld ein Warenhaus zu eröffnen. Fünfzehn Jahre später reiste er wieder gen Süden, selbstverständlich ohne sein Vermögen.

Die *Asociación Filantrópica Israelita* oder AFI, wie der Hilfsverein später genannt wurde, hatte eine doppelte Aufgabe. Einerseits gab es die Alteingesessenen, die sich aus gegebenen Gründen nicht mehr an ähnliche deutsche Organisationen wenden konnten. Andererseits – und in den folgenden Jahren hauptsächlich – gab es die neuen Einwanderer, die so ziemlich alles benötigten: von Kleidung und Sprachkursen bis zu Wohngelegenheiten, Hilfe bei der Verhandlung mit den Behörden und natürlich Arbeit.

Es gab darüber hinaus einen Hilfsverein für »israelitische Einwanderer«, den bereits erwähnten Soroptimist (übrigens die erste Hilfsorganisation für Einwanderer nach Südamerika) und die auch schon erwähnte CIRA, die damals sogar von einem Deutschen geführt wurde. Doch die Jeckes wollten ihren eigenen Verein, und alle Versuche, die gemeinsamen Bemühungen unter einer Dachorganisation zu versammeln, scheiterten kläglich. Neben der AFI gründeten die Jeckes in den folgenden Jahren eine Reihe eigener Institutionen: von Kinderheimen über Altersheime, Sportklubs und einer Leihbibliothek bis hin zu Synagogen. Sogar innerhalb der großen jüdischen Organisationen kreierten sie ihre eigenen Strukturen, so zum Beispiel die Gruppe der Deutsch sprechenden Frauen innerhalb des Frauenvereins argentinischer Zionistinnen.

Diese Vorliebe der Jeckes, unter sich zu bleiben, erinnert mich an eine Begebenheit, als meine Großmutter mütterlicherseits (die Rede war bis jetzt immer von der Seite meines Vaters) mich in Heidelberg besuchte und an einem »jontev«, also einem Festtag, in die Synagoge gehen wollte. Oma Ella hatte in Auschwitz zusammen mit anderen Insassen geschworen, sie würden niemals wieder nach Deutschland zurückkehren, falls sie überleben sollten. Sie hat tatsächlich überlebt, konnte aber nicht wissen, dass drei ihrer vier Enkel später in Deutschland leben würden – und dass sie deshalb auch ab und an gerne dort vorbeischauen würde. Um ihre Schuldgefühle, dass sie wortbrüchig geworden war, zu beruhigen, nahm sie sich vor, immer unbedingt eine Synagoge zu besuchen, was sie in ihrer neuen Heimat – Porto Alegre, im reichlich von Jeckes bewohnten brasilianischen Bundesland Río Grande do Sul – nur selten tat. Ich entdeckte eine Synagoge in Heidelberg, aber es war die falsche: »Das sind nicht unsere Leute«, meinte meine Oma. Es waren anscheinend keine Ashkenasi (von *Ashkenas,* hebräisch für »Deutschland«; auf Spanisch heißt es noch deutlicher *asque**nazi**,* was ich immer als einen Beweis für den Galgenhumor Gottes aufgefasst habe), sondern Sepharden, nämlich die aus Portugal vertriebenen Juden, wozu auch die aus arabischen Ländern und dem Balkan zählen. Wir sind trotzdem am Freitagabend hingegangen, aber nur ganz kurz, damit sie ihre Schuld beglich, ohne sich zu lange unter wirklich Fremden aufhalten zu müssen.

Die Streitigkeiten der Jeckes mit dem Rest der Gemeinde innerhalb Argentiniens stammen aber von früher. Schon Ende des 19. Jahrhunderts begannen die Probleme der Ostjuden in den Kolonien von Baron Hirsch. Man warf u. a. der JCA vor, eine an schnelle Assimilation ausgerichtete Strategie zu betreiben, anstatt die jüdischen Traditionen zu bewahren. Einige Siedler gingen sogar juristisch gegen die JCA vor und hatten vor Gericht Erfolg. Tatsächlich war Assimilation eines der ausgeprägtesten Merkmale der Juden in Deutschland, man hatte dort sogar an eine Verlegung des heiligen »Shabes« gedacht, um den heiligen Tag an den christlichen Sonntag anzupassen.

Eine weitere Konfliktquelle war der Boykott deutscher Produkte nach der Machtübernahme Hitlers. In einem der Dutzend Erinnerungsbücher ostjüdischer Einwanderer fand ich zufällig einen Brief aus dem Juli 1934, der dieses Problem behandelt. Der Lehrer Uri Rubinson aus Louis Oungre (Provinz Entre Ríos) schreibt, die Genossenschaft habe Rasierklingen im Angebot, auf denen »Deutsche Herstellung« zu lesen sei – auch wenn der Verkäufer ihn überreden wollte, es seien argentinische Produkte. Seine eigenen Schüler, die solchen Dingen große Beachtung schenkten – »sie kontrollieren sich gegenseitig« –, hätten ihn darüber hinaus auf einen Bleistift der Firma Faber aufmerksam gemacht, auch von der Genossenschaft importiert. Wie könne man nur »mit Blut befleckten Waren« handeln, die eigentlich »gleich oder mehr noch als Schwein« verboten sein sollten?

Gleichzeitig gab es aber Jeckes, zum Beispiel in der (ostjüdischen) Kolonie Moisés Ville (die für manche als eine Vorläuferin der späteren *Kibbutzim* in Israel gilt), die sich weigerten, Waren ihres Heimatlandes zu boykottieren.

Somit kann es niemanden überraschen, wenn der Historiker Haim Avni konstatiert, dass in den 30er-Jahren »die Probleme der Immigration für die schon eingesessene jüdische Bevölkerung nicht von Interesse waren«. Während sich die deutschen Vereine um ihre Leute kümmerten, »ist es schwer, irgendein Echo von Aktionen zugunsten der Einwanderer in der jüdischen Presse zu finden«. Der Geschichtsschreiber Ronald Newton geht ein Stück weiter und stellt fest, dass sich die deutschsprachigen Juden vor 1933 als Teil der deutschen Gemeinde fühlten und die Ostjuden »als kulturell primitiv« betrachteten. Als sie selbst von ihrer Zugehörigkeitsgruppe verstoßen wurden, also von den anderen Deutschen, habe ihre »kulturelle Verweisung« verständlicherweise nicht viel Sympathie bei denen hervorgehoben, die sie vorher verachtet hatten, nämlich bei den Juden aus dem Osten.

Diese Geringschätzung endete nicht mit dem Krieg, wie ich in meiner eigenen Familie beobachten konnte. Die Schwester der Schwägerin meiner Großmutter väterlicherseits (klingt weit weg im familiären Wirrwarr, sie wurde aber von meinen Eltern bis zu ihrem Tod im

Altersheim der jeckischen Gemeinschaft besucht) hat mir gegenüber zugegeben, dass sie und ihre Familie von Anfang an, d. h. ab 1938, nicht als Juden angesehen werden wollten, denn Juden waren in Argentinien »die aus dem Osten« und hatten einen schlechten Ruf. »Wir wollten deutsch-deutsch sein.« Ihre beiden Söhne sind später nach Deutschland zurückgekehrt.

6 JECKETUM

Als Roberto Schopflocher, der wohl bekannteste jeckische Schriftsteller Argentiniens, 1937 mit fünfzehn in Argentinien eintraf, war seiner Familie – in der Jiddisch als Verballhornung der deutschen Sprache galt – die schon jüdische Gemeinschaft so fremd, dass man ihn zunächst lieber in den Christlichen Verein Junger Menschen schickte. »Beide Fraktionen hatten geschichtlich bedingte Vorurteile zu überwinden«, heißt es in seiner Autobiografie *Weit von Wo,* »und manchmal gewannen wir den Eindruck, man sehe in den deutschen Juden nicht viel anderes als verhinderte Nazis.« Ähnliche Beschwerden habe ich von meiner Oma Ella gehört, die sich selbst im KZ diskriminiert gefühlt habe. »Die Tschechen in Theresienstadt wollten nichts von uns Deutschen wissen, wir sind genauso deportiert worden wie sie, aber sie haben gesagt, wir hätten Hitler Geld gegeben.«

Die Jeckes bildeten von Anfang an eine eigene Gemeinde innerhalb der Gruppe der *»rusos«* (Aschkenasim), die sich wiederum ziemlich scharf von den *»turcos«* oder Türken (also Sephardim) abgrenzten. Weder im bereits erwähnten Buch von Haim Avni noch in der Abhandlung über jüdische Identität des Historikers Victor Mirelman, nicht einmal in dem knapp 450 Seiten starken Bildband *Alltagsleben jüdischer Argentinier* des Schriftstellers Ricardo Feierstein wird sich der Jecke wiederfinden können. Dafür muss er zu *Trotz Allem ... Die deutschsprachigen Juden in Argentinien* des Psychologen und Gerontologen Alfredo José Schwarcz greifen. Das Buch – erst auf Spanisch, dann auf Deutsch erschienen, 2010 sogar in einer zweiten Auflage – stand natürlich in der Bibliothek meiner Eltern und ist so was von jeckisch, dass es schon Schamgefühle wecken kann.

Anhand zahlreicher Interviews, die vor allem im bereits erwähnten Altersheim der AFI geführt wurden – in dem übrigens seit geraumer Zeit auch Nichtjeckes und sogar Nichtdeutsche akzeptiert werden, so weit ist es gekommen! –, wird hier die zwiespältige Identität dieser Menschen offenbar, die zu jüdisch für die Deutschen und zu deutsch für die Juden waren. Auf die Frage, was es heißt, Jude zu sein, stößt man hier auf krasse Antworten. »Pech«, sagt eine:r der Informant:innen – und erklärt entschuldigend, »das kam von Herzen.« Auch wenn daraufhin andere Anwesende erklären, dass man so was nicht sagen könne, und andere Antworten versuchen – sie seien Juden aus Erziehung, »aber das ist alles«, oder sogenannte »Dreitagejuden«, die nur an den hohen Feiertagen eine Synagoge besuchen würden usw. –, blieb der Raum von der Pech-Theorie durchtränkt und der Pechvogel fügte danach kompensierend hinzu, der Antisemitismus rühre daher, »dass wir mehr Intelligenz haben und fleißiger sind«.

Wenn es um die deutsche Identität geht, passiert genau das Gegenteil. Statt eine direkte Antwort zu bekommen, muss Schwarcz Umwege gehen, um an die Wahrheit zu gelangen. Denn auch wenn die Mehrheit der Befragten keinerlei oder nur ein begrenztes Zugehörigkeitsgefühl zu Deutschland zugibt, scheinen andere Daten diese Auskunft infrage zu stellen: Sie alle sprechen immer noch Deutsch, haben eine jeckische Anstalt für ihre letzten Lebensjahre gewählt, beziehen meistens eine Rente aus Deutschland, besitzen den deutschen Pass und haben das böse Land mehrmals besucht, manche haben sogar Kinder und Enkelkinder, die dort leben. »Der hiesige Jecke«, so wird also zusammengefasst, »hat seinen Wohnsitz in Argentinien, sein Herz in Israel, er denkt wie ein Deutscher (oder hat seinen deutschen Pass in der Tasche) und sein Bankguthaben in der Schweiz.«

Es gibt ein weiteres Buch mit derselben Thematik und demselben Verfahren, zufällig sogar aus demselben Jahr (1991), in dem die Psychiaterin Elena Levin einen Schritt weitergeht und die These vertritt, die erste Generation von Jeckes habe sich gegenüber den Argentiniern überlegen gefühlt und lebe irgendwie immer noch weiter in Deutschland. Indem sie auf ihrer Muttersprache beharrten – »man kann aus der Muttersprache nicht auswandern« – und nur unter Jeckes verkehrten, könnten sie davon fantasieren, sie seien nicht allem beraubt worden. »Hier *durften sie deutsch sein*« – natürlich unter der Bedingung, sich nicht mit den »Deutsch-Deutschen« zu mischen. Gleichzeitig stellt die Autorin erstaunt fest, dass

90 Prozent ihrer Informant:innen am Anfang nicht wussten, dass sie ein Recht auf ihre verlorene Staatsangehörigkeit hatten, als ob sie selbst mit ihrer erzwungenen Auswanderung an diesem Verlust schuld seien. Verhüllt im psychiatrischen Jargon, lesen sich Levins Ausführungen wie eine Aufforderung, den Nazis kein Gramm Deutschtum zu schenken.

Wie man sieht, spielt das jüdische Element in der Selbstbestimmung der ersten Generation von Jeckes nicht die größte Rolle. Anders als bei religiösen Menschen handelt es sich höchstens um eine Tradition, die die Vertreibung wiederbelebt, manchmal sogar erstmals ins Leben gerufen hat. Eine Tendenz, die bei den nächsten Generationen nur bekräftigt wird, auch wenn man natürlich immer wieder das entgegengesetzte Beispiel finden kann: ein ehemaliger Mitschüler von mir, aus einer urjeckischen Familie, ist Rabbiner geworden.

Bei mir aber erreichte die Identitätsfrage den höchsten Grad an Verwirrung, da ich alle rein deutschen Gepflogenheiten für jüdische Traditionen hielt: Ostereiersuche im Garten, eine Schultüte mit Süßigkeiten am ersten Schultag, ins Bett gehen nach dem Abendbrot, sich am nächsten Tag einer Einladung telefonisch bedanken, sogar die Gewohnheit, die Geschenke am Abend vor dem Geburtstag zu bekommen, in einer Zeremonie, die zu Hause tatsächlich »Bescherung« genannt wurde und die mein Vater uns so erklärte, dass auch der Schabbat am vorigen Tag beginnt, die aber eigentlich an die Beschwerung am Heiligabend anknüpft – ein Fest, das seine jüdische Familie in Deutschland noch gefeiert hatte, in Argentinien aber nicht mehr. Nichts davon wusste ich, bis ich das Land meiner nicht vier, sondern sogar fünf Großeltern (Oma Lotti ist wieder verheiratet, natürlich innerhalb der Gemeinde) als Austauschschüler kennenlernen durfte und die bittere Wahrheit entdeckte: Wir waren deutsch-deutsche Jeckes.

Doch auch bei den anderen Juden sieht es in Sachen Identität anscheinend nicht groß anders aus. In seiner *Geschichte der argentinischen Juden* erwähnt Feierstein eine in den östlichen *Schtetl* übliche – und wie üblich: humoristische – Definition von Juden, die sich in vier Arten unterscheiden: diejenigen, die jeden Tag in den Tempel gehen; diejenigen, die es an Samstagen und hohen Feiertagen tun; die, die sich nur an Jom Kippur bemühen; und schließlich die, die auf einem jüdischen Friedhof begraben sind. Nun meint Feierstein, die argentinischen Juden hätten eine fünfte Kategorie hinzugefügt, und zwar die, die nie in den Tempel gehen, keiner der religiösen Vorschriften folgen, nicht an Gott glauben, ihre Kinder unbeschnitten lassen, Frauen und Männer anderen Glaubens heiraten, genüsslich ein Schinkenbrot essen – aber massiv an Kursen über jüdische Identität teilnehmen.

Statt diesen Selbstbeschreibungen – je komischer, desto präziser – noch weitere aus meinem Familienkreis hinzuzufügen, nur um am Ende zu entdecken, dass es so viele Arten jeckisch zu sein gibt, wie es eben Jeckes gibt, habe ich einen anderen, für uns Jeckes ziemlich fremden

Gesichtspunkt angeschaut. Es handelt sich um den einzigen jüdischen Schulfreund meines Vaters, der weder Jeckes noch Halbjeckes (Österreicher), ja, nicht mal Aschkenasi ist – das riecht nach mangelnder Offenheit meines Vaters, dabei hat er mit ihm einen sephardischen Freund mehr, als ich selbst in meiner Schulzeit hatte. Der Betroffene, der heute in Israel lebt, heißt Ricardo Serfati und gehörte zur marokkanischen Gemeinde. Er wurde aber der Bequemlichkeit halber von seinen Eltern an den jeckischen Klub *Nueva Comunidad Israelita* geschickt – von der sogenannten Riegner-Gruppe gegründet, die jedoch in Argentinien als drittbeste Option nach den USA und Brasilien gelandet war. Natürlich hat man ihm sofort den Kosenamen »*turco*« gegeben, ohne dass diese Zugehörigkeit zu Diskriminierungen geführt hätte wie bei seinen Eltern, die sich nie in die jeckische Gemeinschaft integrieren konnten. Ich habe den *turco* einfach gefragt, was ihm an den Jeckes damals am meisten aufgefallen ist, und es waren wie erwartet keine jüdischen, sondern lauter deutsche Eigenschaften, wie etwa abends früh und kalt zu essen oder die Häuser mit dunklen, schweren Möbeln vollzustellen.

> Wir sprachen über alles Mögliche, aber nie – was ich im Nachhinein unglaublich finde – über die *Shoah.* Das andere, worüber ich immer wieder staunen muss, ist, dass sie ihre Kinder nicht zu einer jüdischen oder einer argentinischen Schule, sondern an die deutsche Pestalozzischule schickten.

7

DIE SCHULE, DIE WIR (ZUNÄCHST NICHT UNBEDINGT, ABER IM NACHHINEIN DOCH) LIEBEN

Stimmt an ein Lied zu Preis und Ehr'
der Schule, sie soll leben!
Wir lieben uns're Schule sehr,
die uns so viel gegeben.

So mussten wir, Grundschüler der Pestalozzi-Schule, immer wieder zu feierlichen Anlässen singen. Warum denn nur?, habe ich mich damals gefragt. Ich empfand »unsere Hymne« wie eine Art Horst-Wessel-Lied an der Schule, die ich nicht besonders liebte. Die mir aber tatsächlich sehr viel gegeben hat.

Eigentlich kann ich nicht klagen, ganz im Gegenteil. Ich habe eine hervorragende Bildung genossen, die mir danach viele Türen im Leben geöffnet hat. Aber ich mochte das Deutschlernen nicht, und mir war alles an dieser teuren Schule mitten im nobelsten Teil von Belgrano zu elitär und verschlossen. Ich fühlte mich wie in einer Art Botschaft, also außerhalb meines Landes. Fast alle Freunde aus jener Zeit – und ich habe die Schule zusammen mit ungefähr denselben Mitschülern vom Kindergarten bis zum Abitur besucht – waren nicht Schüler dieser Schule.

Das Einzige, was mir an der Schule richtig Spaß machte, waren die Ausflüge nach Verónica. Das Gelände liegt 130 km von Buenos Aires Stadt entfernt, und wir sind ab der 4. Klasse eine Woche pro Jahr dorthin gefahren. Es gab zwei große Hallen mit Hochbetten, eine für Mädchen, die andere für Jungen, ein Esszimmer und einen Gemeinschaftsraum mit Kamin, alles rund um einen großen Hof mit Fahnenmast angelegt mitten in einem Wald. Es fühlte sich ein wenig kasernenmäßig an, auch was das Essen und die Abläufe betraf, aber erst jetzt, wo ich mich zum ersten Mal in meinem Leben für die Geschichte meiner Schule interessiere, finde ich heraus, dass es mehr war als das.

Die Idee, ein Schullandheim zu errichten, stammte vom Leiter der 1935 gegründeten Fridericus-Schule, einem aus Deutschland abgesandten Lehrer, der wegen seiner rechtsextremen Einstellung aus einer anderen Schule gefeuert worden war. Das Engagement der Fridericus-Schule für Verónica – so steht es in Hermann Schnorbachs *Geschichte der Pestalozzischule* – »erklärt sich aus der Gewichtung von Lagererziehung im System der NS-Pädagogik, für die die Aussage von Reichserziehungsminister Rust grundlegend war: ›Nationalsozialist wird man im Lager und in der Kolonie‹«.

Laut ihrer Homepage wurde das Land 1937 von der Goethe-Schule erworben. Erst viel später begann die

Pestalozzi-Schule das Gelände als Teil der Arbeitsgemeinschaft *Deutscher Schulen in Argentinien* zu nutzen. Als alles eingerichtet war, war die nach dem Schweizer Pädagogen benannte Institution genau das Gegenteil dessen, was der Nazischulleiter einmal angestrebt hatte.

Bei der Gründung der Pestalozzi-Schule spielte auch die Goethe-Schule eine Rolle. Dorthin gingen nämlich die Kinder von Ernesto Alemann, dem Schweizer Verleger des *Argentinischen Tageblatts* (*AT*), die liberale Zeitung der deutschen Gemeinde seit dem 19. Jahrhundert. Da zur Abschlussfeier des Jahres 1933 der deutsche Gesandte des Dritten Reichs, SS-Führer Freiherr Edmund von Thermann, kam – sein Vorgänger war wegen seiner jüdischen Wurzeln entlassen worden –, wurde zu seinen Ehren ein riesiges Hakenkreuz vor dem Podium angebracht, auch wenn nur eine Minderheit der Schüler tatsächlich Reichsdeutsche waren. In seiner Rede lobte von Thermann die nationalistische Gesinnung der Goethe-Schule »und schloss mit einem zackigen ›Heil, Hitler!‹«, wie es im Bericht des *AT* heißt. Die Schüler mussten den Gruß mit erhobenem rechtem Arm erwidern. Bei der Verteilung der Preise an die besten Schüler in Form von Büchern wurden die jüdischen Kinder übergangen »und die Preise erhielten nachfolgende arische Dritt- und Viertbeste«.

Empört nahm Ernesto Alemann seine Kinder von der Schule und begann gleichzeitig eine Kampagne in seinem Blatt, damit Gleichgesinnte dasselbe taten. Die Zustimmung war enorm und gab ihm den Anstoß, den nächsten

Schritt zu wagen. Schon im Januar 1934 versammelten sich über hundert Personen in einem Café, um »eine neue, freie, von deutschen Gesandten und anderen Vertretern der Barbarei unabhängige Schule zu gründen«. Die Stimmung war, wie man am Tag danach im *AT* lesen konnte, »von einer einmütigen Begeisterung und einem entschlossenen Willen zur Tat, wie wir sie in Buenos Aires noch nie erlebt haben«.

Der Artikel wird zu einem regelrechten Manifest:

> Der deutsche Schulverband in Buenos Aires sieht keine Gefahr, wir sehen sie.
> Und wir sagen allen denen, die guten Willens sind, auch den Herren des deutschen Schulverbandes: die Wölfe sind schlau ... Und wir sollten nicht alles tun, um diese Gleichschaltung zu verhindern?
> Wir reichsdeutschen »Arier«, die wir es lieber mit Lessing, Kant und Goethe statt mit Alfred Rosenberg und Hanns Johst halten? Wir reichsdeutschen Juden, die wir stolz darauf sind, dass ein Mendelsohn, ein Heine, ein Ehrlich die deutsche Sprache sprachen? [...] Wir alle, drüben oder hier geboren, die wir uns der deutschen Kultur verbunden fühlen [...], die wir unseren Kindern den Reichtum und die Schönheit der deutschen Sprache zu vermitteln wünschen?
> Wir sollten uns gleichschalten lassen von Menschen, die nicht wert sind, Deutsche zu heißen, und die das Deutsche in der Welt herabwürdigen? *Niemals!*
> Und deshalb müssen wir eine Schule gründen ...

Niemand darf die Angelegenheit hinausschieben. Es muss sofort gehandelt werden! ...
Deutschsprechende in Buenos Aires!
Denkt nach! Schreibt rasch! Helft mit!

Die Gründung – »in bewusstem Gegensatz zu dem damaligen deutschen Einfluss«, wie es *Deutsche in Argentinien* vorsichtig formuliert – fand am 1. März in der Germania-Schule statt. Pestalozzi gewann den Zweikampf mit Lessing als Namensträger. In einer gemieteten Villa in Belgrano und mit finanzieller Unterstützung hauptsächlich der Alemanns und Hirschs – Alfred, Direktor des Getreideunternehmens Bunge & Born – wurde am 2. April der Schulbetrieb mit etwa 70 Schülern aufgenommen. Es war der erste große Sieg der antifaschistischen Opposition im Land. Vier Jahre später hatte die Schule bereits mehr als 400 Schüler, war eine der sehr wenigen nicht gleichgeschalteten Schulen im Land und bezog ihr eigenes Schulgebäude, in dem sie sich bis heute befindet. Der Umzug wurde in Grußworten von einigen Eminenzen gefeiert, darunter Sigmund Freud, die Geschwister Mann und Albert Einstein.

Neben der Beschulung der Kinder der Anti-Nazis und der Jeckes war ein wichtiges Anliegen Alemanns, die vertriebenen Lehrer aus den anderen deutschen Schulen (es gab damals um die 200 mit rund 13000 Schülern in Argentinien) sowie direkt aus Deutschland zu engagieren. Der erste Direktor war Dr. Alfred Dang, ein SPD-naher Gegner des Nationalsozialismus, auf dessen Leben schon

1933 ein Kopfgeld von 10000 Mark ausgesetzt war. Das Engagement hatte natürlich seinen Preis, zunächst für Dr. Dang: Er war der erste Deutsche in Argentinien, der von der Nazi-Regierung in Deutschland ausgebürgert wurde und somit plötzlich staatenlos blieb. Die Nachricht erreichte ihn auf dem ersten Frühlingsfest und rief »stürmische Begeisterung für den Gefeierten hervor, der sich unvermutet im Mittelpunkt einer Ovation sah, bei der nur die Abwesenheit des Pg. [Parteigenossen] von Thermann zu bedauern war«, denn er hätte »über die Wirkung des Dekrets ein hübsches Stimmungsbild für seine vorgesetzte Behörde entwerfen können«. So das *AT*, das die Ausbürgerung mit einer »Verleihung des ›Pour le mérite des Dritten Reiches‹« gleichsetzte und die Angelegenheit nutzte, wieder manifestartig zu deklamieren:

> Die Pestalozzischule ist durch dieses Dekret mit einem Schlage in der ganzen Welt berühmt geworden als eine Pflegestätte wahrer deutscher Kultur [...] Sie ist zugleich eine Ehrenrettung des Deutschtums in Argentinien, denn sie beweist, dass die deutsche Kulturtradition trotz Terrors und brauner Barbarei hier hochgehalten wird.

Einige Jahre später wurde Dr. Dang von den Nazis der akademische Titel aberkannt, und dieselbe ehrenhafte Entehrung wurde auch Alemann zuteil. Im Laufe der Jahre wurden alle deutschen Vorstandsmitglieder ausgebürgert, darunter auch August Siemsen, ehemaliger SPD-

Abgeordneter und Mitbegründer der Sozialistischen Arbeiterpartei, der Deutsch und Geschichte lehrte, sowie Carl Meffert, besser bekannt unter seinem Künstlernamen Clément Moreau. Der Zeichner, der für zahlreiche Tageszeitungen politische Karikaturen lieferte und dem jungen Che Guevara privaten Zeichenunterricht erteilte – angeblich soll einer seiner Karikaturen sogar als Inspiration für Brechts »Arturo Ui« gedient haben –, ist ein gutes Beispiel für den Solidaritätsgeist der Schule bei der Auswahl ihres Personals. So erinnert sich Dr. Rodolfo Cohn, ehemaliger Schüler und späteres Vorstandsmitglied, in einem Video zum 75. Jubiläum der Schule:

> Bei Herrn Meffert hatte ich immer den Eindruck, er sei ein großer Künstler, aber als Lehrer für Jugendliche völlig ungeeignet. [Ich] nehme aber an, Ernesto Alemann [habe] damals die Art gesucht, dem großen Künstler etwas für seinen Lebensunterhalt zukommen zu lassen, ohne das auf eine für ihn unangenehme Weise machen zu müssen.

Clément Moreau und August Siemsen gründeten 1937 zusammen mit anderen politischen Emigranten und schon eingesessenen Deutschsprachigen aus dem linken Spektrum – darunter die Eltern von Tamara »Tania« Bunke, die zur ebenfalls nicht gleichgeschalteten Cangallo-Schule im Zentrum der Stadt geschickt wurde und später an der Seite von Che Guevara kämpfte und starb – die Anti-Nazi-Organisation *Das Andere Deutschland*

(DAD), die die vielleicht einflussreichste Zeitschrift ihrer Art in Lateinamerika herausgab. Neben ihren kulturellen Aktivitäten kümmerte sich die Organisation um politische Emigranten und nicht jüdische Nazi-Gegner, die ihre Stelle verloren hatten, und pflegte darüber hinaus Verbindungen mit anderen antifaschistischen Organisationen Südamerikas. Mithilfe einer von ihnen betriebenen spanischsprachigen Nachrichtenagentur, *Informaciones para la prensa latinoamericana,* machten sie es sich zur Aufgabe, die Gräueltaten der Nazis in Europa und die Umtriebe von deren Anhängern in Argentinien immer wieder zu denunzieren.

Nationalsozialistische Attacken galten auch der Pestalozzischule selbst, wie in den Jahresberichten nachzulesen ist. Eine Veranstaltung der Pestalozzi-Gesellschaft wurde überfallen, die Schule mit Teerbomben beworfen, und vor dem Haus seines Gründers wurde eine Strohpuppe an einen Galgen gehängt und entzündet. Als Schuldige eines Überfalls auf einen Pestalozzischüler wurden Schüler der Humboldt-Schule ermittelt, »die mehrfach nach ihren als ›Spielnachmittage‹ getarnten HJ-Versammlungen im Gebäude der Humboldt-Schule ihre Erziehung zu Hass und Rohheit gewaltsam betätigen wollten«. Da Gewalt die einzige Sprache war, die die Nationalsozialisten verstanden, erhielten ihre Gangster-Methoden »regelmäßig so derbe ›Belehrungen‹ in der ihnen verständlichen Sprache«, dass alle Gewalttaten aus dem Hinterhalt gestoppt wurden.

Die Jeckes, die ihre Kinder auf die Pestalozzi-Schule schickten, waren nicht unbedingt links. Eher das Gegenteil, konservativ. Oder, wie man so schön sagt: unpolitisch. Doch der gemeinsame Feind schaffte es, diese Differenzen vorübergehend zu verwischen, auch wenn Siemsen die Jeckes wegen ihres mangelnden politischen Engagements rügte. Zumindest am Anfang meinte man in *Das Andere Deutschland*, die jüdische Verfolgung, etwa bei der »Kristallnacht«, sei nur eine Widerspiegelung der politischen Hetze, der die Nazi-Gegner sowieso seit Jahren ausgesetzt seien. Für Siemsen waren die deutschen Arbeiter keine Antisemiten, und die Juden hätten gemeinsam mit ihnen gegen den eigentlichen Feind kämpfen sollen, nämlich den Kapitalismus. Auf der anderen Seite, erzählte mir der ehemalige Vorstandsvorsitzende Ricardo Hirsch (nicht mit den anderen drei Hirschs verwandt!), war die Schule Mitte der Fünfzigerjahre im Begriff, konfessionell zu werden. Sein Vater, obgleich Sohn eines orthodoxen Juden – der ihn 1935 (!) nach Deutschland schickte, um dort seine Bar-Mizwa mit den Großeltern zu feiern –, stemmte sich dagegen. Die Pestalozzi war und blieb eine deutsche Schule, auch wenn am Anfang – und für mehrere Jahrzehnte – die Jeckes überwogen.

Mitte der Fünfzigerjahre gingen alle drei Kinder meines Großvaters in diese Schule. Er selbst war Mitglied des Vorstandes – später würde er es bis zum Vizepräsidenten schaffen – und machte in der Theatergruppe mit. Sein Jüngster, mein Vater, trat in seine Fußstapfen: seine vier Kinder, also meine Geschwister und ich, gingen auf diese Schule, er wurde Mitglied des Vorstandes, machte auch mit in der Theatergruppe (und ich musste auch mitmachen). Hätte ich, wenn ich Kinder hätte, sie auch auf die »Pesta« geschickt?

Meine Schwester immerhin setzte die Tradition fort: Im Februar 2020 ging mit dem kleinen Manuel die vierte Generation der Familie auf diese Schule und führte gleichzeitig die Exilgeschichte des Widerstandskampfes gegen den Nationalsozialismus fort. Der erste Stolperstein außerhalb Europas wurde übrigens am 9. November 2017 vor der Schule verlegt.

Auch wenn meine schönsten Erinnerungen an die Schule paradoxerweise mit ihrem einzigen Nazi-Merkmal, den Ausflügen ins Landschulheim, zu tun haben, muss ich im Nachhinein dem in der Pestalozzi-Gemeinde weltberühmten Dr. Ballin – Rabbi, Lateinlehrer, Professor für deutsche Literatur und Philosophie an der Universität Buenos Aires – zustimmen, wenn er in seiner Hymne vorhersagt:

> Und sind wir alt, dann denken wir
> an das, was uns geblieben.
> Ein froh Gedenken schenken wir
> der Schule, die wir lieben.

8 DIE SEIFENOPER

Die Pestalozzi-Schule ist also als politischer Gegenpol zur Goethe-Schule entstanden, und die Vorbehalte blieben in mancher Hinsicht jahrzehntelang aktuell. So wie die Schüler der Pestalozzi für die von der Goethe – und fast alle anderen deutschen Schulen – die Juden waren, so waren sie für uns – auch wenn wir selbst denselben Vorwurf von Schülern nicht deutscher Schulen einstecken mussten – die Nazis.

Das waren sie während der Nazizeit tatsächlich, wie schon angedeutet. Die Schule wurde nicht nur gleichgeschaltet, sondern 1945, als Argentinien sozusagen in letzter Minute Deutschland den Krieg erklärte, als feindliches Eigentum beschlagnahmt, zusammen mit fast allen anderen deutschen Institutionen des Landes. Die Pestalozzi-Schule war eine der wenigen Ausnahmen, da sie sich bekanntlich nie gleichschalten ließ. Ehemalige Schüler jener Jahre berichten aber, dass die Goethe-Schule im Voraus benachrichtigt wurde. Wochenlang haben die Schüler der Oberklassen Dinge mit nach Hause geschleppt. Das Labor, die Turngeräte, das Fernrohr aus der Kuppel, sogar die Rechenschieber: »alles was zu bewegen und abzuschrauben war«, wurde in privaten Häusern gelagert und Monate später wieder ausgehändigt.

Diese seltsamen Einblicke in die dunkle Zeit gab der Dokumentarfilm *FarBekennen,* jüngst gedreht von den Goethe-Schülern selbst. Im Vergleich zur offiziellen Geschichte der Schule handelt es sich beim Video der Goethe-Schüler um einen Meilenstein der Vergangenheitsbewältigung und gewann zu Recht einen Preis. »Das Projekt«, heißt es in der Begründung, »hat innovativen Charakter, indem es mutig ein schwieriges und sehr sensibles historisches Thema aufgreift, das vorher noch nie im Unterricht behandelt wurde.« Tatsächlich wird explizit genannt, »was allen klar war, aber niemand aussprach«, wie es in der Zusammenfassung auf YouTube heißt. »Ich dachte nicht, dass ich so ein Video zu sehen bekäme«, heißt es in einem Kommentar. »Ich gratuliere euch, dass ihr es gewagt habt, nach der Wahrheit zu suchen, um eine bessere Schule zu werden. Grüße von einer ehemaligen Pestalozzischülerin.«

Zu unserer Zeit – der Kommentar stammt von der Schwester eines ehemaligen Mitschülers von mir – war nicht nur ein solcher Film undenkbar, sondern auch ein solcher Kommentar. Das Verhältnis zwischen den Schulen, oder zumindest zwischen den Schülern, war alles andere als entspannt oder gar wohlwollend.

Die Konkurrenz zwischen den Schulen war enorm, auch wenn wir Pesta-Schüler meistens den Kürzeren zogen. Die »Nazis« waren einfach besser, und zwar in allen

Bereichen, von Deutsch bis Sport. Die bittersten sportlichen Niederlagen meiner Kindheit in Hand- und Volleyball erlitt ich mit Blick auf die braunen Wappen ihrer Hemden (nee, Scherz: sie waren grün gekennzeichnet), und natürlich hatte auch für sie jeder Sieg gegen unser gelbes Logo (okay, es war blau) einen besonders süßen Geschmack.

Fußball habe ich nie gegen die Goethe gespielt, das blieb meinem zwei Jahre jüngeren Bruder vorbehalten. Ricardo, der heute als Cembalist und Musikdirektor in Deutschland lebt, war schon damals der Sportler der Familie und errang in athletischen Disziplinen manche Siege für die Schule. Das Fußballspiel fand in der Goethe-Schule statt, und zwar im Rahmen eines Fußballturniers des Sportverbands Katholischer Schulen Argentiniens – eine offenbar veraltete Bezeichnung, da weder die Pestalozzi noch die Goethe die religiöse Bedingung erfüllten. Da Fußball in unserem Land wichtiger ist als alle anderen Sportarten – wie die Welt spätestens mit dem verrückten Feiern des letzten WM-Titels erfahren hat – und die Goethe darin keinen besonderen Ruf hatte, waren die Erwartungen an die Pesta-Spieler besonders hoch.

Weder Ricardo noch die Mannschaftskameraden, die er gefragt hat, haben eine Ahnung, wie das Spiel stand, als die verbalen Angriffe begannen. Sie kamen vor allem aus der Abwehr und gewannen schnell an Rohheit.

Das ist ja an sich nichts Ungewöhnliches. Ich habe auch Fußball gespielt, und zwar für den Jecke-Club Barkojba, und kann mich noch an ein Spiel erinnern, bei dem sich ein Gegner so derb und grundlos über meine Mama und meine Schwester geäußert hatte dass ich den Kampf um den Ball aufgab und mich jammernd an den Schiri wandte. Ziemlich unsportlich meinerseits, würde ich heute sagen.

Bei diesem Match meines Bruders gegen die Goethe-Schule hatten die Beschimpfungen eine zusätzliche Nuance, sie waren nämlich antisemitischer Natur. Nicht immer und nicht immer an den richtigen Spieler gerichtet, denn die meisten waren gar keine Juden.

Mein Bruder ist nicht besonders jüdisch geprägt. Auch wenn er, wie die anderen Männer meiner Familie, beschnitten ist und die Bar-Mizwa gemacht hat, interessiert er sich für die Religion nicht mal als Fundgrube für humoristische Bemerkungen, wie es bei mir der Fall ist. Später würde er eine Nicht-Jüdin heiraten und nicht jüdische Kinder großziehen, und schon damals bildete er eine noch speziellere Art von Jude: Ihm war die jüdische Identität schnuppe. Doch es gibt etwas, das selbst diese Art von Juden nicht leiden kann: dass man sie als solche beschimpft. Da bricht ihre ganze Geschichte wieder auf, mit besonderer Wucht, vor allem, wenn es Auschwitz-Überlebende in der Familie gibt.

Das war auch bei jenem Spiel der Fall, zum ersten und letzten Mal in seinem Leben, als einer der Spieler ihm ganz leise, damit der Schiri es nicht hören konnte, zuzischte:

»Mein Großvater hat aus deinem Seife gemacht.«

Ist das nicht ein unerhörter Skandal und dumm dazu? Denn wäre der Großvater meines Bruders tatsächlich zu

Seife gemacht worden, würde mein Bruder sehr wahrscheinlich gar nicht existieren. Was seinen eigenen Großvater betraf, da lag er sicherlich richtig: Wer mit so viel Stolz über die eigene Familie spricht, der lügt nicht.

»Ich erinnere mich an die Wut, die ich damals fühlte, als wäre es ein schlechter Traum«, erzählt mir mein Bruder 25 Jahre später. Im Moment der verbalen Attacke stand er auf der rechten Seite des Spielfeldes, nahe der Bank der Goethe-Schule. »Da saßen etwa sechs Ersatzspieler, und ich hab die gefragt, ob vielleicht jemand was ergänzen wolle«, erinnert sich Ricardo weiter. Sein Zorn gilt heute nicht mehr dem Nazi-Enkel, sondern sich selbst: »Ich hätte ihn zusammenschlagen sollen.«

Er tat aber leider das Richtige, und das Spiel wurde unterbrochen. Charly Kotoulek, der übrigens heute Leiter der Sekundarstufe der Pestalozzi-Schule ist, war auch dabei, und er erinnert sich, dass die Hetze damit nicht beendet war und sie danach so außer sich waren, dass sie weder Wasser trinken noch sich erfrischen konnten. Ein dritter Zeitzeuge meint, der Bus der Pestalozzi-Spieler sei von den rasenden Spielern der Goethe-Schule am Ende auch noch verfolgt worden.

Das war die Anekdote aus Perspektive der Pestalozzianer.

Ich wollte sie aber auch aus Perspektive der Goethe-Schule hören, und deshalb habe ich mich mit Edgardo Buquete, dem damaligen Trainer der Goethe-Mannschaft, getroffen. Der heute pensionierte Sportlehrer erinnert sich haargenau: »Es war ein Mittwoch.« Ein Jahr kann er leider nicht angeben, es muss aber vor 1995 gewesen sein, denn mein Bruder hat in dem Jahr die Schule abgeschlossen.

Es war das erste Fußballspiel zwischen den beiden Schulen, und es war Buquete zu verdanken, dass es dazu gekommen war. Er hatte seinen Kollegen aus der Pestalozzi-Schule dazu überredet, an dem Turnier teilzunehmen, um Fußball an der Pestalozzi zu etablieren. Die Mannschaftssportarten bis dahin waren Handball (eine für nicht deutsche Schulen ziemlich abwegige Disziplin) und Volleyball gewesen. Buquete hatte der Pestalozzi-Schule sogar einen Trainer empfohlen, von dem mein Bruder erzählt, im Winter habe er die Anweisungen aus seinem am Spielfeldrand geparkten Auto gegeben, denn draußen war es ihm offenbar zu kalt.

Die Goethe-Schule hatte die ersten Spiele des Turniers gewonnen und auch in diesem Spiel zunächst die besseren Möglichkeiten, wenn auch ohne Tore. In der Halbzeitpause, so erzählte mir Buquete, hätten sich seine Spieler dann bei ihm beschwert, weil sie vom Gegner verbal angegriffen worden seien. Daraufhin habe Buquete ihnen erwidert, das sei eine Strategie, um ihr Spiel zu stören, sie sollten aber weiterhin konzentriert am Ball bleiben. Gleichzeitig habe er den Schiedsrichter auf die Situation aufmerksam gemacht.

Die Provokationsstrategie der Pestalozzi-Schüler scheint wirksam gewesen zu sein, denn die Goethe hat am Ende mehrere Tore kassiert und eine bittere Niederlage erlitten. Beim Handschlag nach dem Abpfiff kam es aber wieder zu unfreundlichen Verbalattacken, und hätte Buquete nicht eingegriffen, wäre es mit Sicherheit nicht im Verbalen geblieben.

»Aber was haben sie sich denn gegenseitig gesagt?«, wollte ich wissen.

»Alles Mögliche.«

»Was genau?«

»Na, die einen sagten, du Scheißjude, und die anderen, du Scheißnazi.«

Während die »Juden« in den Schulbus stiegen, versammelte Buquete die »Nazis« auf dem Spielfeld, um sie für ihre mangelnde Disziplin zu rügen und gleichzeitig weitere Ausschreitungen zu verhindern. Doch kaum im Bus, begannen die Provokationen erneut, weil die Gewinner »*¡Dale campeón, dale campeón!*« (»Wir sind die Meister! Wir sind die Meister!«) brüllten. »Dabei haben sie nur dieses einzige Spiel gewonnen!«, lacht Buquete heute, aber damals bedurfte es einer erneuten Anstrengung seinerseits, um seine Schüler im Zaum zu halten.

Was auf dem Feld passiert, bleibt auf dem Feld, besagt eine alte Maxime im Fußball, doch diesmal gab es ein Nachspiel. Buquete hat mit der Leitung der Goethe-Schule die Pestalozzi-Schule aufgesucht, um sich formell zu entschuldigen. Den Schülern hat man die höchste disziplinarische Strafe erteilt: Die Mannschaft durfte an diesem Turnier nie mehr teilnehmen, was ziemlich ungerecht war, schließlich hatte sie nicht angefangen. Da die Pestalozzi-Schule ohnehin nie wieder eine eigene Mannschaft für dieses Turnier zusammenstellen konnte, ist dies also das erste und letzte Fußballmatch aller Zeiten zwischen den beiden Schulen geblieben.

Leider konnte mir Buquete keinen einzigen Spieler mit Namen nennen. Ich habe nämlich mit der Idee geliebäugelt, alle damaligen Teilnehmer wiederzufinden und ein neues Spiel zu organisieren.

Das Gedächtnis ist trügerisch, und leider habe ich keine Dokumente ausfindig machen können, die diese kleine, aber umso aussagekräftigere Anekdote präzisieren könnten. Die Provokationstheorie steht quer zur Aussage meines Bruders und erinnert mich so sehr an die klassische Nazitheorie der vorigen jüdischen Provokation für alle nachfolgende Verbrechen, dass ich sie – natürlich nicht als Richter, sondern als parteiischer Kommentator – nicht gelten lassen will. Und sollten tatsächlich die Seifenopfer angefangen haben, sind die Seifenopas zu weit gegangen – »Scheißnazi« ist in diesem Kontext nicht mal ein Schimpfwort, sondern höchstens eine Redundanz. Deswegen galt ja auch die Bestrafung allein und nur ihnen.

Aber gut. Vielleicht ist es besser, dass die Anekdote im Feld der Vergangenheit bleibt. Was man aus der Geschichte auf jeden Fall behalten sollte, ist das Wesentliche, die große Lehre für alle Ewigkeit: die Pestalozzi und die Goethe haben sich ein einziges Mal in der wichtigsten Sportart der Welt gemessen, und wer hat gewonnen? *¡Dale campeón, dale campeón!*

9 EIN BISSCHEN WELTKRIEG

Bevor die erwähnte Gleichschaltung der Schulen und generell der Nazi-Institutionen in Kraft trat, konnten die Anhänger Hitlers ihre Aktivitäten ungehindert ausüben. »Argentinien ist ein Land, wo prinzipiell jeder machen kann, was er will«, meinte dazu der argentinische Botschafter in Deutschland, allerdings ohne zu bedenken, dass dies für Kommunisten und andere linksorientierte Organisationen nicht der Fall war.

Die offizielle Geschichte des Nationalsozialismus begann in Argentinien schon, bevor Hitler an die Macht kam. Bereits im Mai 1931 entstand die Organisation »Stahlhelm«, die allerdings ein Jahr später dichtmachen musste, weil sie in Deutschland verboten wurde. Kurz danach hielt eine lokale Ortsgruppe der NSDAP ihre ersten Versammlungen ab und verteilte Flugblätter. Man säte in fruchtbaren Boden, denn es gab von vornherein innerhalb der deutschen Gemeinde genügend ultranationalistische Publikationen. Die traditionelle *Deutsche La Plata Zeitung* wurde zum Organ der NSDAP. »Nach der Machtergreifung hat sie sich dem neuen Deutschland angeschlossen und kämpft für dessen Belange offen und mutig«, wie ein deutscher Reporter jener Jahre berichtet. Hinzu kam die argentinische Ausgabe von *Der Trommler,* der Gegenpol zu *Das andere Deutschland* und das *Argentinisches Tageblatt.* »Während des Weltkrieges stand es wacker auf deutscher Seite, später aber geriet es unter jüdischem Einfluß immer mehr in eine scharfe und hetzerische Kampfstellung gegen das nationalsozialistische Deutschland, sodass es heute nicht mehr als ein deutsches Blatt angesehen werden darf«, meint derselbe Reporter. Mit deutschen Staatsmitteln wurden später insgeheim zwei argentinische Zeitungen finanziert, *El pampero* und *Reconquista,* die die Ansichten des Regimes unter der lokalen Bevölkerung verbreiten sollten. Antisemitismus spielte natürlich eine große Rolle, und manche Schwärmer maßen sich sogar an, den Judenhass in Argentinien eingeführt zu haben. Zumindest die konkrete und organisierte ideologische Variante desselben scheint tatsächlich erst mit dem deutschen Nationalsozialismus aufgekommen zu sein. Wie auch immer, Argentinien erlebte damals seine erste militärische Diktatur, sodass die undemokratischen Ansichten der Braunen ziemlich früh zum Vorschein kamen.

Mit der Machtergreifung stieg die Zahl der Mitglieder der Landesgruppe der NSDAP von knapp 300 auf fast 2000, dabei blieb es dann auch. Man konnte aber neben der Partei zusätzlich bei sogenannten »Opferringen« mitwirken, Gruppen von Sympathisanten, deren Mitglieder vermutlich dreifach so zahlreich waren. Und dies waren nicht die einzigen außerparteiischen Organisationen. Am 5. April 1933 hatten im berühmten Teatro Colón von

Buenos Aires 2500 Leute die Machtergreifung gefeiert, es wurden Reden gehalten und das »Horst-Wessel-Lied« gesungen. Zu dieser öffentlichen Bekanntgabe der Treue der deutschen Verbände kamen insgesamt 51 gleichgeschaltete Organisationen. 1937 wagte man schon ganz öffentlich zu demonstrieren: fünfzehn Kilometer lang marschierten etwa 1700 Anhänger zum Deutschen Haus in Burzaco, südlich der Hauptstadt, während gleichzeitig eine berittene Einheit in selbst gemachten SS-Uniformen einen siebzig Kilometer langen Reiterumzug durchführte.

Der Druck, der auf die deutsche Bevölkerung ausgeübt wurde, damit sie sich für den Nationalsozialismus engagierte, war enorm. Der Arzt Dr. Roberto Pablo Meiss, geboren in Argentinien mit deutschen Vorfahren, erzählte mir, dass er einen Onkel namens Adolf Louis Meiss hatte. Als sein Vorname immer mehr mit dem anderen Adolf in Verbindung gebracht wurde, etwa um 1936, war ihm das so unangenehm, dass er von da an nur noch das Initial A. benutzte. Sogar auf seinem Grabstein auf dem Deutschen Friedhof von Chacarita steht »A. Louis Meiss«. Das wurde in der Familie nicht von allen Seiten gerne gesehen, zum Beispiel von seiner Schwester, die eine entschlossene Nationalsozialistin war und blieb. In seinem Ruderklub Teutonia kam es sogar zum Eklat, auch weil A. sich nicht für NS-Aktivitäten rekrutieren ließ. Obwohl er »Arier« war, wurde er aus dem Klub verbannt und musste sich bei den Spaniern nebenan anmelden, um seinen Lieblingssport weiter betreiben zu können. Mit seinen ehemaligen deutschen Sportfreunden hat er nie wieder verkehrt.

Die größte Machtdemonstration der Nazis in Argentinien fand 1938 statt. Anlass war der Anschluss Österreichs. Zunächst gab es die Idee, die propagandistische Volksabstimmung auch in Argentinien durchzuführen, indem man die deutschen und österreichischen Staatsbürger auf deutschen Schiffen, die in internationalen Gewässern verankert waren, wählen ließ. Die lokale Landesgruppe der NSDAP mietete sogar einen Zug, um Zehntausende Leute an mehreren Tagen zu einem südlichen Hafen zu befördern. Doch am Ende untersagte die argentinische Regierung diese offenkundige Verspottung ihrer Macht, und man begnügte sich mit einer Demonstration im Luna Park – dem Stadion, in dem die Totenwache für Carlos Gardel gehalten worden war, erbaut vom selben Architekten wie die Confitería Munich an der südlichen Uferpromenade.

Die Arena war aber riesig, die Bilder davon schmücken bis heute fast jede Publikation über Nazis in Argentinien. 20000 Anhänger – so viele zählte zumindest die *Deutsche La Plata Zeitung,* andere Quellen spielen die Zahl auf 10000 herunter – versammelten sich in diesem mythischen Stadion, bis dahin eher bekannt für seine Boxabende. Fahnen, Schilder, Uniformen, Lieder, Choreografie, alles sah aus, als wären die Nazi-Horden im Sportpalast Berlin. Es gab sogar einen professionellen *Reichsredner,* Dr. Heinz Ott, der so sprach und sich gebärdete wie Hitler selbst. »Atemlose Stille herrscht in dem gewaltigen Gebäude« – heißt es in der seitenlangen Elogie in der *Deutschen La Plata Zeitung,* »alle Anwesenden […] wissen, dass er den Gegenstand seiner Abhandlung den Zuhörern eindringlich zu Herzen zu führen versteht. Dazu kommt, dass das Thema ein so zu Herzen gehendes ist und aller deutsches Geschehen zum Gegenstand hat …« Dagegen wird in einem kleinen Artikel im *AT* berichtet: »Dr. Ott sprach, pathetisch, theatralisch, mit guter Regie und guter Schulung, ein Meisterschüler Goebbels …, der mit vielen Worten nichts sagen und doch großen Erfolg ernten will.«

Außerhalb der Halle kam es zu Ausschreitungen, angeführt von Studenten und der sozialistischen Jugend. Deutsche Fahnen und »Hoheitszeichen« (*Deutsche La Plata Zeitung)* wurden verbrannt, deutsche Firmen und Banken mit Steinen beworfen.

Die Stimmung in der argentinischen Bevölkerung gegenüber den Nazis war jedoch entspannt und zeigte sogar Züge von Unterstützung im Dezember 1939. Das deutsche Panzerschiff *Admiral Graf Spee* traf auf drei englische Kriegsschiffe auf dem Río de la Plata, wurde schwer beschädigt und suchte Zuflucht im Hafen von Montevideo, um die nötigen Reparaturen auszuführen. Diese Gnade wurde aber von der uruguayischen Regierung nicht gewährt. Um sein Schiff nicht dem Gegner in die Hände zu liefern, entschied sich der Kapitän zu dessen Versenkung. Die Besatzung flüchtete auf anderen Booten nach Buenos Aires, wo einige Hundert zunächst im *Hotel de Inmigrantes* direkt am Hafen untergebracht wurden. Dieses Hotel für Einwanderer funktionierte aber nicht mehr als solches, sondern eher als Internierungsstelle für die Illegalen, oft jüdische Flüchtlinge. Um Unruhen zwischen den jüdischen Flüchtlingen aus Deutschland und den Matrosen der deutschen Kriegsmarine zu vermeiden, habe ich in den unveröffentlichten Memoiren eines Zeitgenossen gelesen, wurden sie nicht nur separat untergebracht, sondern durften nur die Seeleute den Hof tagsüber benutzen, während die anderen den ganzen Tag in ihren Schlafräumen bleiben mussten.

Wenige Tage später, nachdem sich der Kapitän der *Admiral Spee* Hans Langsdorff von seiner Besatzung in ebendiesem Hotel verabschiedet und an einem Dinner seiner argentinischen Gastgeber ihm zu Ehren teilgenommen hatte, erschoss er sich auf der Reichskriegsflagge. In einem Abschiedsbrief, der nicht veröffentlicht wurde, erklärte er, er könne nur mit seinem Tod beweisen, »dass die Soldaten des Dritten Reiches für die Ehre der Flagge bereit sind, zu sterben«.

Auch wenn dies nur das skurrile Ende einer bitteren Niederlage war, wurde die Nachricht seines Freitods mit Respekt und gar Bewunderung aufgenommen – und das wird sie bis heute, wenn die Story in den Medien wieder hervorgekramt wird. Im Buch des Nazigegners Michael Frank (*Die letzte Bastion. Nazis in Argentinien* von 1962) steht geschrieben: »Man kann zu soldatischen Ehrbegriffen stehen, wie man will: Vor dem, der innerhalb ihrer Gesetze stirbt, muss man Achtung haben.« Soll das auch für Hitlers und Goebbels' Selbstmorde gelten?

Hunderte Autos mit der Crème de la Crème der argentinischen Politik und Aristokratie bildeten den Trauerzug, der durch das Zentrum der Stadt und unter einem Blumenregen bis zum Deutschen Friedhof in Chacarita fuhr. Der Eingang zum Friedhof war so voll, dass die Matrosen mehr als einen Kilometer zu Fuß laufen mussten, um der Beerdigung ihres heldenhaften Kapitäns beiwohnen zu können. Bis zur Beisetzung von Evita 1952 soll es die größte in der argentinischen Geschichte gewesen sein.

Von den knapp tausend jetzt verwaisten Matrosen konnten rund 140 nach Deutschland entwischen und wieder in die Kriegsmarine aufgenommen werden, anscheinend mithilfe des Geheimdienstes des Dritten Reichs. Die meisten blieben aber im Land, einige davon als quasi Gefangene auf der Insel Martín García, der Rest chaotisch verteilt auf die Provinzen. Auch wenn die jungen Arbeitskräfte in manchen Orten wegen Arbeitsmangels nicht gern gesehen wurden, in anderen waren die kräftigen und blonden Burschen als biologisches Material zur Verbesserung der einheimischen »Rasse« besonders willkommen. Dies geschah vorzugsweise in der Provinz Córdoba, geografisch in der Mitte Argentiniens gelegen, wo die Berge und das Klima an Süddeutschland erinnern. Nach dem Krieg wurden die meisten wieder nach Deutschland deportiert, einige aber kamen zurück, zum Beispiel nach Villa General Belgrano, einer kleinen, von Deutschen Anfang der Dreißigerjahre gegründeten Stadt, die ihren Namen angeblich den Matrosen des Grafen Spee verdankt, wenn auch nicht auf ruhmreiche Weise: 1943, so wird erzählt, sollen ein paar dieser Staatsgäste eine argentinische Flagge angezündet haben. Die Spee-Leute behaupteten, nichts damit zu tun zu haben. Der Fall blieb ungelöst, doch um den Namen des Ortes (»El Sauce«) zu reinigen, hat man ihn durch den Namen des Urhebers der argentinischen Flagge, General Manuel Belgrano, ersetzt. Sei dies nun wahr oder Mythos, mit der Zeit entwickelte sich die kleine Stadt zu unserem kitschigen *Little Germany,* oder besser gesagt *Little München.* Disneyworld-mäßig prägen Fachwerkhäuser und sogar eine angedeutete Replik der Frauenkirche das touristische Zentrum, Jahr für Jahr wird hier ein prächtiges Oktoberfest gefeiert, mit Umzügen und Kapelle und Fahrgeschäften, natürlich in Dirndl und Lederhose und mit Bierkrügen, die man sonst nirgends in Argentinien bekommt. Um Ostern herum findet zudem ein Fest der Wiener Feinbäckerei statt.

Ein bekannter Witz hierzulande sagt, die Mexikaner stammen von den Azteken, die Peruaner stammen von den Inkas und die Argentinier stammen von den Schiffen. Tatsächlich war 1914 ein Drittel der Bevölkerung eingewandert, der höchste Durchschnitt aller größeren Länder der Welt. In Buenos Aires stieg dieses Verhältnis unter den Erwachsenen bis zu drei Viertel und betraf 1936 immer noch 50 % der insgesamt 2,4 Millionen *porteños.* Dieser Witz wird in Belgrano sehr ernst genommen. Die Hauptattraktion des Historischen Museums ist ein Modell der *Graf Spee,* flankiert von Kleidungsstücken der Besatzung und sogar einem Originalsplitter des Schiffes. Draußen, als eine Art Denkmal, befinden sich Anker und ein Eisernes Kreuz aus echtem Eisen. Ein beliebtes Souvenir sind Miniaturen des Schiffes, das kein Argentinier je gesehen hat.

10 WELTBLUFFS

Argentinien blieb fast bis zum Ende des Krieges neutral, wie schon im Ersten Weltkrieg, um Fleisch und sonstige Agrarprodukte ungehindert und an alle Beteiligten verkaufen zu können. Das entsprach auch den Interessen Großbritanniens, die somit Nahrung importieren konnten, ohne befürchten zu müssen, dass die Schiffe mit argentinischer Flagge versenkt wurden (obwohl das doch ein paar Mal geschah). Deutschland seinerseits benutzte diese Neutralität, um seine Spione ins Land zu setzen, die Informationen an ihre U-Boote sendeten. Nachdem alle Länder des Subkontinents (außer Chile) sich zu den Alliierten bekannt hatten und die jeweils lokalen Nazi-Einheiten fliehen mussten (vor allem aus Brasilien), entwickelte sich Argentinien zur Plattform der deutschen Spionage für die ganze Hemisphäre, manchmal auch »Operation Bolivar« genannt. Allerdings war das ein ziemlich nutzloser Aufwand, da die Engländer – darunter manche, die an der Schacholympiade von August–September 1939 in Buenos Aires teilgenommen hatten, übrigens die erste und letzte, die Deutschland gewonnen hat – den Code geknackt hatten.

Es gab aber ein Land, dem die Neutralität Argentiniens

ein Dorn im Auge war, nämlich die USA. Dies war schon im Ersten Weltkrieg der Fall gewesen, und man hatte auch damals bereits mit allen möglichen Mitteln dagegen gekämpft, auch mit publizistischen. Der deutsche kaiserliche Gesandte hatte z. B. in einer geheimen Depesche zur Versenkung argentinischer Schiffe aufgerufen und den Außenminister als einen Esel bezeichnet. Die Amerikaner fingen die Kommunikation ab und leakten sie an die Medien, doch Argentinien brach die diplomatischen Beziehungen zu Deutschland nicht ab. Zur Zeit des Zweiten Weltkriegs setzten die Amerikaner auf Brasilien als ihren großen Verbündeten im südlichen Teil des Kontinents. Argentinien wollte den zweiten Platz in der Hitliste nicht hinnehmen und setzte seinerseits und trotz Neutralität auf die Achsenmächte, um nach einem eventuellen deutschen Sieg – keine so große Chimäre, zumindest bis zum Einmarsch in Russland – die Führung auf dem Subkontinent zu übernehmen. Dieses Ziel erforderte Aufrüstung, da Brasilien mit Onkel Sams Hilfe bedrohlich wurde. Auch wenn wenige Geschäfte zustande kamen – knapp 12 Flugzeugabwehrkanonen wurden von der Schweiz geliefert –, blieb die Gefahr eine ständige Sorge – oder Ausrede – für alle Anti-Nazi-Geheimnistuerei im Lande.

Überhaupt wurde die Gefahr einer sogenannten fünften Kolonne in Argentinien und womöglich auf dem ganzen Kontinent zum Mittelpunkt der amerikanischen Politik in diesem Teil ihres Hinterhofs, wie das ganze Stück Land jenseits des Rio Grande genannt und auch behandelt wurde. Die erste große Propagandaaktion in diesem Sinne, das sogenannte »Patagonien-Komplott«, fand schon vor dem Krieg statt. Im März 1939, als die argentinische Regierung gerade im Begriff war, ein wichtiges wirtschaftliches Abkommen mit Deutschland abzuschließen – deutsche Züge gegen argentinische Wolle und Getreide –, gelangte eine Mappe mit deutschen vermeintlichen Staatsgeheimnissen in die Hände des argentinischen Präsidenten. Die darin enthaltenen Dokumente mit Briefkopf der deutschen Botschaft und den Unterschriften vom Chef der Landesgruppe der NSDAP und einem Staatsrat deuteten auf einen riesigen Plan hin, die Anschluss-Politik des Reiches bis nach Patagonien auszudehnen. Man habe militärische und wirtschaftliche Informationen gesammelt, Luftfotos geschossen, Landkarten erstellt. Auch wenn das Stück Land Argentinien gehöre, hieß es als Völkerrechtsbegründung, sei es so dünn besiedelt, dass es »aus dem Aspekt der Natur« als Niemandsland gelte und man es dementsprechend einfach nehmen könne.

Die brisanten Papiere wurden von Heinrich Jürges danach der Presse zur Verfügung gestellt, einem Wuppertaler, der schon als Zwanzigjähriger mehrere Jahre wegen Fälschung im Gefängnis gesessen hatte. 1930 trat er in die NSDAP Berlin ein und schaffte es – laut seiner nicht unbedingt glaubhaften Aussagen – bis zum Assistenten von Joseph Goebbels. Allerdings dauerte seine Karriere in der Partei nur ein paar Jahre, dann wurde er wegen »sittlicher und moralischer Verfehlungen« (was immer das innerhalb der NSDAP heißen sollte) verbannt. Nach einigem Hin und Her und zwei Ehen – ohne Scheidung dazwischen – flüchtete er nach Argentinien, wo er als Mitglied der Schwarzen Front, einer »linken« Abzweigung der Nazipartei, die sich gegen Hitler und zum Sozialismus bekannte, wieder auftauchte. Im Februar 1936 behauptete er in der Zeitschrift der Organisation, der Reichstag sei von den Nazis selbst in Brand gesetzt worden, das wisse er, weil er Dolmetscher des vermeintlichen Täters, dem Holländer Marinus van der Lubbe, gewesen sei.

Jürges wurde wegen der Patagonien-Dokumente von der argentinischen Polizei festgenommen, verhört und wieder freigelassen, wahrscheinlich mit der Gewissheit, dass alles eine Fälschung war, womöglich von den Briten beauftragt. Doch mit dem Thema in der Presse musste der Präsident Ortiz auch öffentlich reagieren. »Ob die Dokumente echt sind oder nicht, der Zwischenfall an sich muss als Teil des Wettkampfes zwischen zwei politischen Modellen betrachtet werden.« Alfred Müller, der Landesgruppenleiter der NSDAP Argentiniens, wurde daraufhin verhaftet, die Büros der Partei durchsucht und Dokumente beschlagnahmt. Die politische Freiheit der Auslandsverbände wurde stark eingeschränkt, was sich aber die NSDAP nicht gefallen ließ und einfach ihren Namen änderte, nicht aber ihre Ziele und Umtriebe. Was den Komplott anbetrifft, wurde er nach einigen Wochen nicht mal mehr von den Briten ernst genommen.

Der *Buenos Aires Herald* schrieb Anfang Mai:

> Unserer Meinung nach sind die hiesigen Deutschen nicht so doof, wie man meint. Sie haben ihre Ver-

bände, ihre Umzüge, ihre skurrile Dressur für ihre Kinder, doch eines ist sicher: sie haben nie davon geträumt, einen Teil vom argentinischen Gebiet an Hitler zu geben.

Auch wenn klar war, dass es sich bei Jürges' Dokumenten um plumpe Fälschungen handelte, nutzte man die Möglichkeit, um eine parlamentarische Kommission zur Erforschung der illegalen Aktivitäten ausländischer Organisationen im Lande zu gründen. Die wurde vorrangig für die Verfolgung von Deutschen im Land benutzt, allerdings ohne große Konsequenzen für die Verfolgten. Im Internet kann man heute Tausende von Papieren finden, die damals beschlagnahmt wurden, nur weil sie auf Deutsch geschrieben waren, eine Sprache, von der offenbar weder die Polizei damals noch die Archivare heute ein Wort verstanden.

Kurz darauf gab es eine weitere Operation, bekannt als der »Große Nazi-Komplott von Apóstoles«, ein Örtchen an der südlichen Grenze der nordöstlichen Provinz Misiones, ganz in der Nähe der deutschen »Colonia Liebig«. Die Gendarmerie durchsuchte deutsche Klubs und die Häuser prominenter Deutscher, fand darin mehrere Waffenverstecke und nahm ein paar Dutzend Männer und Frauen fest. Die Nachricht gelangte schnell nach Buenos Aires, das Gebäude der *Deutschen La Plata Zeitung* wurde mit Steinen beworfen, die amerikanische Botschaft sprach von einem »Nazireich des Grauens in Misiones«. In Wahrheit aber hatte die Gendarmerie die Leute *vor* der Durchsuchung verhaftet, um die Waffen bei ihnen zu verstecken. Die Waffen stammten aus dem Landesmuseum der Stadt und waren speziell für diese Aktion ausgeliehen worden – von zwei Journalisten. Die angeblichen Nazi-Aktivitäten im Lande waren also ein Pressecoup, um ein Publikum zu füttern, das sich auch an dem Weltgeschehen beteiligen wollte.

Der letzte und folgenreichste Bluff fand gegen Ende des Krieges statt und gilt als Ursprung des Mythos eines zukünftigen Vierten Reichs in Argentinien. Der *Evening Standard* aus London vom 24. April 1943 druckte die Nachricht, die Nazis hätten den Krieg für verloren erklärt und mit der Evakuierung begonnen. Ihr bevorzugter Zufluchtsort: Argentinien. Ein U-Boot mit Dokumenten und Geld habe schon ihre Fracht abgeliefert, ein weiteres solle Ende des Jahres eintreffen. Die Amerikaner schickten daraufhin ein Kommando zum Badeort Miramar – heute übrigens bekannt als »Miramoishe«, wegen der vielen Juden, die dort ihre Ferien verbringen, darunter auch meine Familie: Wir könnten eventuell über Jerusalem verhandeln, sagt ein gängiger Witz, Miramar aber kommt überhaupt nicht infrage.

Kein U-Boot tauchte zur erwarteten Zeit an der atlantischen Küste auf, doch im Januar 1944 bestätigten weitere Geheimberichte in Uruguay die vermeintlichen U-Boot-Aktionen. Im letzten Kriegsjahr wurden die Gerüchte immer lauter, auch auf diplomatischer Ebene. Deutsche Ingenieure der Luftwaffe seien schon in Argentinien und arbeiteten an neuen Luftstützpunkten, deutsche Geologen suchten nach Mineralien, große Mengen an Kapital würden überwiesen, Hermann Göring habe schon sein Ticket und sich einen neuen Pass ausstellen lassen, Alfred Rosenberg habe eine *estancia* in Córdoba gekauft (mehr noch: er sei eigentlich in Argentinien geboren!), selbst Adolf Hitler habe ein »großes Stück Urwald« in Eldorado, Misiones, erworben – ob er gewusst hat, dass Adolfo Julio Schwelm, der Gründer dieser Kolonie, der in den Zwanzigerjahren 3000–4000 Weimar-kritische Deutsche, also Proto-Nazis, mit viel Werbung nach Argentinien lockte und eine Jacht namens La Svástica (Das Hakenkreuz) besaß, ein Frankfurter Jude mit englischer Staatsangehörigkeit war?

»Wo so viel Rauch entsteht, muss es auch Feuer gegeben haben«, dachte sich der amerikanische Staatssekretär Edward Stettinius und befahl, die Sache bis zu den glühenden Kohlestücken zu verfolgen. Es war auch eine Ehrensache gegenüber den Russen, die sich über die laxe Kontrolle – oder womöglich dubiosen Machenschaften – ihrer westlichen Verbündeten beschwerten. Nach längerer Zeit und beträchtlichen Kosten wurde man auch fündig, doch eben nicht an der argentinischen Küste, sondern ganz in der Nähe von London. Statt den Inhalt der Informationen zu verfolgen, verfolgte man die Informationen selbst und entdeckte, dass die Quelle all dieser Berichte von einem englischen Kurzwellensender kam, der sich auf Deutsch an deutsche Soldaten wandte, um sie zu demoralisieren. Die Amerikaner fielen also stärker als die Deutschen auf die psychologischen Tricks ihrer Verbündeten herein.

11

EIN TANGO FÜR DEN FÜHRER

Manchmal ahmt die Natur die Kunst nach oder die Realität die Fiktion: kurz bevor der Krieg vorbei war, gelangten tatsächlich zwei deutsche U-Boote nach Argentinien. Allerdings nicht, um Nazi-Oberhäupter oder Nazigold ins Land zu schmuggeln, sondern einfache Matrosen, die sich dem womöglich barmherzigsten Feind zu ergeben suchten.

Denn eigentlich wollte Argentinien weder die diplomatischen Beziehungen abbrechen noch Deutschland den Krieg erklären. Die Neutralität war bis dahin ein zu gutes Geschäft gewesen, und man setzte bis zuletzt auf einen Sieg der Achse, die dem Land wiederum zur politischen Überholung seines lokalen Konkurrenten Brasilien verhelfen würde. Der Bruch der diplomatischen Beziehungen geschah, nachdem ein argentinischer Offizier mit Namen Osmar Hellmuth, der angeblich zugleich deutscher Geheimagent war, von den Engländern verhaftet wurde – womöglich von den Deutschen verraten – und der Druck der Amerikaner auf die argentinische Regierung zu groß wurde. Während der eigentliche Machthaber des Landes, der damalige Kriegsminister Juan

Domingo Perón, sich in der Provinz San Juan befand, weil es gerade das schlimmste Erdbeben in der Geschichte des Landes erlitten hatte, fasste Präsident Ramírez am 26. Januar 1944 den Entschluss, der ihn auch seinen Posten kosten würde.

Was die Kriegserklärung in letzter Minute (März 1945) und als letztes Land in der Welt (jetzt waren es insgesamt 53) betrifft, hat Perón selbst zwanzig Jahre später dem Geschichtsschreiber Félix Luna folgende anachronistische Erklärung abgegeben:

> Der Krieg war zweifellos entschieden. Wir waren neutral geblieben, konnten es aber nicht länger bleiben. Ich erinnere mich, dass ich einige deutsche Freunde versammelt und ihnen gesagt habe: »Wir haben keine Alternative, als in den Krieg zu ziehen, denn sonst enden wir und auch ihr in Nürnberg ...« Und mit ihrer Einwilligung und ihrem Einverständnis haben wir Deutschland den Krieg erklärt. Aber klar, es war nur eine rein formelle Sache ...

Später noch hat der General die Sachlage sogar umgekehrt dargestellt und gemeint, dass es eigentlich die Deutschen gewesen seien, die ihn gebeten hätten, ihnen den Krieg zu erklären:

> »Auch wenn es widersprüchlich klingt, für Deutschland war die Kriegserklärung günstig: Als feindliches Land hatte Argentinien das Recht, nach Ende des

> Krieges ins Land einzudringen, und das hieß, dass wir mit unseren Flugzeugen und Schiffen große Dienste leisten konnten … So konnte eine große Anzahl von Personen nach Argentinien kommen.«

Die zwei U-Boote, die schon vorher Zuflucht in Argentinien gefunden hatten, weckten natürlich die Fantasie, von weiteren gefolgt zu werden, jetzt doch mit Hitler und Bormann und ihrem ganzen Nazigold. Viele wurden angeblich gesichtet, keiner jedoch je gefunden, manche sogar als Möglichkeit widerlegt, da sie schon vorher anderswo zerstört worden waren. Nichtsdestotrotz erschien am 16. Juli 1945 in der Sensationszeitung *Crítica* der erste große Bericht über Hitlers Flucht nach Südamerika in einem der beiden U-Boote, die auch noch einen Flugzeugträger mitgebracht hätten. Der Autor des Artikels, der Journalist Ladislao Szabó, erweiterte seine Recherche so lange, bis sie ein Buch füllen konnte, das 1947 unter dem Titel *Hitler ist am Leben* veröffentlicht wurde. Darin behauptet Szabo, Hitler habe ein neues Berchtesgaden in der Antarktis bauen lassen und plane, von dort aus das Vierte Reich zu gründen. Später hatte ein gewisser Wilhelm Mattern noch mehr Fantasie und verriet die neue Wunderwaffe, mit der Hitler die Welt endlich bezwingen werde: Ufos.

Man möchte meinen, damit wäre die Sache erledigt gewesen. Das Gegenteil ist der Fall. Das Buch von Szabo wurde in diesem Jahrtausend neu aufgelegt – jetzt mit dem Titel *Hitler ist nicht im Bunker gestorben,* denn immer noch am Leben wäre vielleicht zu viel verlangt, aber nicht etwa als Kuriosum, sondern als Teil einer mittlerweile unüberschaubar großen Anzahl ähnlicher Bücher. Der argentinische Journalist Abel Basti, um nur den hartnäckigsten dieser Verschwörungstheoretiker zu nennen, hat bis dato neun (ich wiederhole: neun!) Bücher über das Thema veröffentlicht, darunter eines über Hitler in Kolumbien (dort soll er auch vorbeigeschaut haben, so wie in Chile, Peru und Paraguay), sowie einen Führer (haha) zu den Orten, an denen Hitler und seine Eva in der patagonischen Stadt Bariloche gelebt haben sollen. Es gibt sogar einen Roman von Abel Basti, wie seine anderen Titel übrigens im größten Verlag des Landes erschienen: *Hitler: der Mann, der den Tod besiegte.* Womit automatisch alle seine anderen Bücher keine Fiktion sind. Als Roman könnte diese bunte Mischung aus Fakt und Fake ziemlich spannend sein. Als Sachbücher aber sind sie ungemein dubios, wenn nicht gefährlich. Nicht von ungefähr wurde das einzige Buch von Basti, das auf Deutsch erschienen ist, von *Jan van Heising* verlegt, einem der »bekanntesten Vertreter der braunen Esoterik« (Blick nach rechts).

Die Stärke von Basti liegt darin, immer wieder neue Zeitzeugen aufzutun, die uns die Wahrheit näherbringen sollen. Sein letztes Buch, *Das zweite Leben von Hitler (1945 –?)*, endet zum Beispiel damit, dass Julio Arturo Heil, ein ehemaliger Oberstleutnant der argentinischen Armee, 1952 von Präsident Perón beauftragt wird, mit einem Koffer nach Bariloche zu fliegen und ihn an Herrn

Adolf Hitler höchstpersönlich zu übergeben. Heil trifft tatsächlich den Führer (dass er immer noch seinen charakteristischen Schnurrbart trägt, soll uns nicht überraschen: Natürlich hat er sich rasiert, um in der Öffentlichkeit nicht erkannt zu werden, doch in vertrauten Kreisen klebt er sich einen falschen Rotz an, um die alte Würde wiederherzustellen). Gesprochen wird bei diesem spannenden Meeting wenig, denn der Argentinier kann kein Deutsch und Hitler kein Spanisch. Der Heil-Hitler-Gipfel gipfelt in einem Toast »auf Argentinien und auf Perón«.

Diese Mission sei ein Staatsgeheimnis besonderer Art gewesen und der Leutnant schwor, sie mit ins Grab zu nehmen. Was er mit militärischer Pflichterfüllung auch getan hat – fast. Denn ganz am Ende tat es ihm um die Geschichte seines Lebens doch leid und er hat sie im intimsten Kreis verraten. Die Frau, die jeder große Mann hinter sich hat, brachte ihn auf eine prima Idee: Schreib das auf, Schatz! Und deswegen besitzen wir heute dieses erschütternde Dokument, ganze sechs Seiten lang, natürlich handgeschrieben (sonst könnte jemand auf die Idee kommen, es sei unecht). Bilder sowie Tonaufnahmen, wie er sterbend die Geschichte der Nachwelt erzählt, wurden am 14. September 2019 auf dem meistgelesenen Nachrichtenportal Lateinamerikas veröffentlicht.

Als ich eine Zeit lang in Patagonien lebte, nicht sehr weit weg von Bariloche und somit in der Nachbarschaft von Hitlers Nachfahren (denn sicherlich hat seine Eva hier endlich ein paar Kinder bekommen), musste ich mir von meinem Vermieter erklären lassen, die Sache mit dem Holocaust sei geschichtlich nicht ganz geklärt. »Ich sage nicht, dass es nicht geschehen ist, nur, dass man es besser recherchieren sollte«, sagte mir plötzlich der Fünfzigjährige, als wir neben seinen Kühen, umgeben von Bergen, unter der herbstlichen Sonne über Gott und die Welt sprachen. Später habe ich gehört, dass der Vater dieses Mannes ein Hakenkreuz ins Parkett seines Hauses in einer anderen Farbe hat legen lassen – wo es immer noch den Fußboden schmückte. Natürlich hätte ich aus dem Haus ausziehen müssen, doch die Lage war unübertrefflich und die Miete so günstig, dass ich lange Zeit geblieben bin. Als ich irgendwann auszog, waren wir gut Freund. Sollte ich jemals als Scheißjude beschimpft werden, kann ich widersprechen: Stimmt überhaupt nicht, ich hab einen Freund, der Nazi ist!

Worauf ich mit dieser Anekdote hinauswill: Geschehnisse zu leugnen, die stattgefunden haben, sei es der Holocaust oder die Mondlandung, blamieren nur den Leugner, der sich tapfer gegen »das, was alle glauben«, stellt und sich dabei ungemein scharfsinnig vorkommt. So denke ich zumindest, um mir über diese Ignoranten – solange sie politisch nicht aktiv werden – keine großen Gedanken machen zu müssen. Doch bei Hirngespinsten wie Hitler in Argentinien oder Ufos am Himmel wird die Sache komplizierter. Da scheint die Last des Beweises bei den Skeptikern zu liegen, statt umgekehrt. Es ist wie bei Gott: Solange wir Agnostiker seine Nicht-Existenz nicht belegen können, wird er als Möglichkeit und somit auch als Realität immer Bestand haben (und natürlich als Erklärung für unseren Agnostizismus).

Sollten wir aber doch irgendwann Hitlers Leiche finden, wie es bei Martin Bormann der Fall war, wird uns der Fund – selbst wenn wir den DNA-Beweis hätten, wie bei Bormann – nicht viel weiterhelfen, denn man kann die Schraube immer weiterdrehen: Dann hat Hitler halt lange in Argentinien gelebt, aber seine Leiche wurde nach Deutschland gebracht, um diese Tatsache zu vertuschen.

Alles wird passend gemacht, von Walther Darré – der in Belgrano geborene Argentinier, der es bis zum Minister für Ernährung und Landwirtschaft im Dritten Reich schaffte und wesentliche Konzepte zur Entwicklung der nazistischen Rassentheorie beigetragen hat – bis zu Graf Zeppelin, der 1934 in Buenos Aires vorbeiflog und geheime Dokumente an einem Seil nach unten bringen ließ. Diese Geschichten zu entschärfen, kostet viel mehr Zeit, als sie zu befeuern. Es ist interessant: Ein jahrhundertealter Baum kann gefällt, ein Gebäude zerstört werden, aber diese Kopfgeburten haben Bestand. Stalin hat öffentlich vermutet, sein Erzfeind sei ihm doch entkommen – und alle kontrafaktischen Revisionisten schöpfen im Endeffekt aus diesem paranoiden Urverdacht des roten Diktators. Die Welt wird noch Hunderte Jahre brauchen, um die Chimäre endlich zu vergessen. Warum gerade in Argentinien diese Geschichten auf so fruchtbaren Boden fallen, ergibt sich prinzipiell aus der Tatsache, dass viele Nazis sich wirklich dort versteckt hatten. Das Nazigift wirkt nach – auch in dieser Form.

12 ARGENTÄTER

Der bekannteste Nazi, der sich in Argentinien versteckt hielt, ist natürlich Adolf Eichmann, doch nur, weil er auch spektakulär festgenommen wurde. Bis dahin war Argentinien ein ziemlich angenehmer Zufluchtsort für ihn und seine Familie. Im Sommer 1950, als er als Ricardo Klement eintraf, bekam er rasch eine Stelle mithilfe derselben Perón-nahen Leute, die seine Flucht durch Italien organisiert hatten. In der nordwestlichen Provinz Tucumán arbeitete er fast ausschließlich mit Deutschen zusammen – für den Deutsch-Argentinier Carlos Horst Fuldner und die Compañía Alemana Para Recién Inmigrados (Deutsche Gesellschaft für gerade Eingewanderte), kurz CAPRI. Deren Angestellten nannte man die Capri-Fischer, benannt nach dem Schlager aus dem Jahr 1943, gesungen von Rudi Schuricke, der zunächst verboten wurde, weil die italienische Insel gerade von den Amerikanern eingenommen worden war.

Eichmann gelangte durch seine Arbeit für die CAPRI nicht nur an Geld, sondern auch an Sicherheit, sodass er seine Frau und die drei Kinder – ein viertes kam in Argentinien zur Welt – nachkommen ließ, sogar unter ihrem richtigen Namen, eine Überheblichkeit, die ihm später zum Verhängnis wurde. Die wiedervereinte Familie – man hatte sich seit Ende des Weltkrieges nicht mehr gesehen, aber doch durch Dritte korrespondiert – lebte noch eine Zeit lang in Tucumán in bescheidenen Verhältnissen, bis die CAPRI wegen der wirtschaftlichen Krise des Landes dichtmachen musste und die Eichmanns sich entschieden, ihr Glück in Buenos Aires zu versuchen. Sie mieteten ein Hinterhaus im Vorstadtviertel Olivos, das heute immer noch steht. Eichmann übte mehrere Jobs aus, immer bei deutschen Unternehmen, darunter der Gasofenhersteller *Orbis* des Dresdners Roberto Mertig, in den auch Josef Mengeles Vater investierte – dennoch wird er im Prachtband *Deutsche Präsenz in Argentinien* (1985) als ein vorbildlicher Unternehmer dargestellt. Eichmanns nachhaltigster Job während dieser Etappe war aber die Züchtung von Angorakaninchen, was er nach dem Krieg schon mit Hühnern in der Lüneburger Heide ausprobiert hatte. Wirklich harte Arbeit, wie er sie dort als Holzfäller leisten musste, blieb ihm hierzulande erspart. Dafür entschloss er sich Ende der 50er-Jahre, mithilfe seiner Söhne ein Eigenheim zu bauen, noch ein Stückchen weiter außerhalb der Stadt, im Vorort San Fernando, wo es noch nicht mal elektrisches Licht gab. Zu dieser Zeit arbeitete er bei der argentinischen Niederlassung von Mercedes-Benz.

Es war ein niedriger Posten, wie mir ein Verwandter, der kurz nach Eichmanns Entführung als junger Mann bei Mercedes einstieg, versicherte. Alles im argentinischen

Leben des sogenannten »Architekten des Holocaust« war ziemlich niedrig, ganz im Gegensatz zu dem des »Todesengels« Josef Mengele, der eine luxuriöse Villa im schicken Teil von Olivos bewohnte. Diese Bescheidenheit war Eichmanns Rettung, zumindest für eine Weile. Als der Mossad die heiße Spur zu ihm aufnahm, beschloss der entsandte Agent, dass ein so prominenter Nazi unmöglich in so ärmlichen Verhältnisse leben könne, und verzichtete auf jede weitere Maßnahme.

Wie man ihm dennoch auf die Spur kam, ist filmreif – und es wurde tatsächlich mehrmals verfilmt. Der älteste Sohn von Eichmann, Klaus, lernte ein Mädchen namens Silvia Hermann kennen, Tochter des jüdischen Anwalts Lothar Hermann aus Rheinland-Pfalz, der 1936 nach Argentinien geflohen war, nachdem er zusammen mit seinem Bruder wegen vermeintlichen Geldschmuggels, Probleme mit seinem Ausweis und subversiver Aktivitäten eine Weile in Dachau eingesessen hatte. Letzteres hatte dazu geführt, dass er als Kommunist gefoltert wurde. In Wahrheit war Hermann nicht politisch aktiv gewesen und eigentlich nur verhaftet worden, weil er Jude war. Wahr bleibt doch, dass er wegen der Misshandlungen in Dachau zehn Jahre später völlig erblindete.

Nun war Lothar zum zweiten Mal verheiratet, mit einer nicht jüdischen Frau, und ihre Tochter ging auf eine katholische Schule. Vielleicht sprach Klaus Eichmann deswegen ihr gegenüber ohne Vorbehalte über das, was er zu Hause über die Juden und die unvollendete Arbeit der Nazis hörte. So kam die Information irgendwann zu Hermann, der den Generalstaatsanwalt von Hessen, Fritz Bauer, über seinen Verdacht informierte.

Bauer wandte sich direkt an die Israelis, die erst nach langem Zögern – aufgrund der Lage des Hauses, wegen der Blindheit des Informanten, der noch dazu bei seinen eigenen Recherchen manch falsche Rückschlüsse auf Eichmanns Decknamen gezogen hatte – die spektakuläre Entführung des Massenmörders vollzogen. Die Details kann man in drei Büchern nachlesen, geschrieben von Agenten, die an der Geheimoperation beteiligt waren. Das erste ist *Das Haus in der Garibaldistraße* (1975) vom Chef der Operation, Isser Harel, der aber an dem Kidnapping selbst nicht beteiligt war und die Informationen von Peter Malkin übernimmt, der 1990 sein eigenes Buch herausgab, das so viel unwahrscheinliches und gar unmögliches Zeug enthält, dass man nur dankbar für die dritte und wohl definitive Version sein kann, nämlich Zvi Aharonis *Operation Eichmann* (1997).

Die Entführung Eichmanns im Mai 1961 – besser gesagt, die Bekanntmachung derselben seitens Ben Gurion ein paar Wochen später, denn bis dahin hatte außer der Familie und einigen Bekannten niemand etwas bemerkt – führte nicht nur zu einer diplomatischen Krise zwischen Argentinien und Israel, sondern vor allem zu einer antisemitischen Welle innerhalb des Landes, wie man sie seit den Pogromen der »Tragischen Woche« vierzig Jahre zuvor – als die Arbeiterbewegung regelrecht massakriert wurde, wie oben berichtet – nicht mehr erlebt hatte.

Neben Artikeln in der nationalistischen Presse, Demos und terroristischen Attentaten gegen jüdische Institutionen gab es persönliche Attacken, die bekannteste davon gegen eine Studentin, die entführt, gefoltert und mit einem tätowierten Hakenkreuz auf der Brust zurückgelassen wurde, »als Rache für Eichmann«. Man staunt, wie offen die Nazis im Land auch nach dem verlorenen Krieg agierten und sich als die Erben des Tausendjährigen Reichs fühlten. Aber dazu später.

Der andere Fall, der hohe Wellen schlug, war Anfang der Neunzigerjahre Erich Priebke, gesucht wegen seiner Mitwirkung bei der Racheaktion in den Ardeatinischen Höhlen: für 33 bei einem Attentat getötete Nazisoldaten mussten 330 mehr oder weniger beliebig ausgewählte Menschen sterben. Das Leben Priebkes in Argentinien war, im Gegensatz zu Eichmann, ein außerordentlich offenes, wenn auch weit weg von der Hauptstadt, nämlich in San Carlos de Bariloche.

Der erste weiße Bewohner des idyllischen Skiorts am Fuße des Nahuel-Huapi-Sees mitten in den Anden nach der Vertreibung der Indianer war Ende des 19. Jahrhunderts der Deutsch-Chilene Carlos Wiederhold Piwonka. Seitdem liefert unsere »kleine Schweiz« die beste Schokolade des Landes und ist ein Magnet für Deutsche. Mitte der Dreißigerjahre hatte der Ort bereits ein Drittel deutschsprachige Vorfahren. Nach dem Krieg verkaufte die lokale Unternehmerin Rosa Mayer ihre Grundstücke vorzugsweise an Deutsche, zu günstigen Preise und in Raten ohne Zinsen. In diesem *barrio,* der schon wieder

Belgrano heißt, wurde lange Jahre nach dem Krieg immer noch der Geburtstag von Hitler gefeiert.

Priebke, der 1948 mit seiner Familie unter dem Namen Otto Pape eingereist war, arbeitete zunächst in Buenos Aires als Kellner. Bald konnte er seinen wahren Namen wieder führen, weil Perón 1949 eine Amnestie für alle illegalen Einwanderer ausrief. Fünf Jahre später siedelte er nach Bariloche um, wo er erst in Hotels arbeitete, bevor er ein eigenes Haus im Barrio Belgrano kaufte. In einem der Hotels, in denen er als Nachtwächter engagiert war, arbeitete eine Zeit lang auch der ehemalige Lagerkommandant Josef Schwammberger, bis er von einem italienischen Gast wiedererkannt wurde und nach Buenos Aires fliehen musste. Erst 1990 wurde er an die Bundesrepublik ausgeliefert.

Priebke dagegen blieb unerkannt in Bariloche, wo er sich selbstständig machte und den Delikatessenladen »Viena« betrieb. Mit der Zeit wurde er zu einer renommierten Persönlichkeit der deutschen Kollektivität und ab den Achtzigerjahren sogar Präsident des Deutsch-Argentinischen Kulturvereins von Bariloche. Erst 1991 wurde er im Buch *El Pintor de la Suiza argentina (Der Maler der argentinischen Schweiz)* von Prof. Esteban Buch, zusammen mit anderen Nazis, namentlich genannt. Der heutige Direktor des Zentrums für Forschung von Kunst und Sprachen der *École des hautes études en sciences sociales* in Paris erzählt darin, Priebke habe kein Problem damit, offen über seine Vergangenheit zu sprechen, inklusive seiner Teilnahme am Ardeatinischen Massaker.

Doch nur weil 1994 der amerikanische Sender ABC diese Spur verfolgte und Priebke auf offener Straße ansprach – und er mit Nazi-Hochmut reagierte –, wurde er verhaftet und nach Italien ausgeliefert.

Der Skandal änderte aber in Bariloche selbst nicht viel an der Gesinnung der Gemeinschaft. Ich habe einen ehemaligen Professor der Deutschen Schule kontaktiert, den jeckischen Enrique Bein, und er hat mir erzählt, es habe sogar eine Art Demo der Lehrer für Priebke gegeben, ganz nach der Devise: Er ist ein guter Mensch, das alles sind alte Geschichten, hört doch endlich auf, die Vergangenheit aufzuwühlen! Gegen diese Haltung hat sich die Direktorin der Schule, Catalina Binder, gewehrt – und musste im folgenden Jahr ihren Posten räumen und sogar die Stadt verlassen. Im Film *Pacto de silencio* (*Schweigepakt*, 2006) des ehemaligen Schülers Carlos Echeverría kann man den Ärger spüren, den er auslöst, nur weil er kritisch nachfragt. In der zweistündigen Produktion erzählen ehemalige Lehrer, dass sie gewisse Bücher bis in die Achtzigerjahre nicht im Unterricht behandeln konnten – z. B. *Deutschstunde* von Siegfried Lenz und das gesamte Werk von Heinrich Böll – und andere sich noch Ende der Fünfzigerjahre in der Bibliothek befanden, so auch *Mein Kampf*, das übrigens auch im Deutschen Klub von Buenos Aires noch vor ein paar Jahren auftauchte. Der Film wurde nach vielen Diskussionen im Vorstand erst ein ganzes Jahr nach der Premiere zwar in der Schule, aber außerhalb der Schulzeit und ohne jede Einführung oder Debatte gezeigt. »Außer von ganz vereinzelten Lehrern, die das Thema individuell mit gewissen Schülern oberflächlich besprachen«, erzählte mir Bein weiter, »wurde auf den Vorfall weder eingegangen noch gab es irgendeine institutionelle Aufarbeitung.«

Zu diesen drei weltbekannten Fällen sollte man vielleicht noch Klaus Barbie hinzufügen, den sogenannten »Schlächter von Lyon«, denn er ist durch Argentinien nach Bolivien geflüchtet – in seinem Fall mithilfe der Amerikaner.

Die Nazi-Prominenz, die in Argentinien Zuflucht fand, endet jedoch leider nicht mit diesen berüchtigten Namen. Der Ranghöchste war der ehemalige Staatssekretär im Reichsverkehrsministerium Albert Ganzenmüller, der in Argentinien als Peróns Berater bei der Staatsbahn bis zu dessen Sturz 1955 aktiv war. Ein anderes Beispiel ist Berthold Heilig, der als Hans »Juan« Richwitz immigrierte. Er war Gauinspekteur von Braunschweig am Ende des Krieges, wo er den Landrat der Stadt als Verräter erschießen ließ und am Tod unzähliger Babys die Schuld trägt, da er die Versorgung der Säuglinge von Zwangsarbeiterinnen untersagte. Wie alle anderen konnte auch er aus amerikanischer Kriegsgefangenschaft flüchten und mit einem Pass des Roten Kreuzes nach Argentinien fliehen. Er arbeitete zunächst wie Eichmann bei der CAPRI, betrieb später ebenfalls eine Kaninchen-Farm in Córdoba. 1978, getrieben von Alkoholmissbrauch und Depressionen statt von der Justiz, beging er Selbstmord.

Man könnte mit den Beispielen seitenlang weitermachen. Revisionistische Autoren sprechen von Zehntausenden Kriegsverbrechern – dagegen hat die Kommission zur Aufklärung der Aktivitäten des Nationalsozialismus in Argentinien genau 180 Namen recherchiert. Wie viele es auch waren, Historiker werden wahrscheinlich nie zu einer Einigung kommen. Inbegriffen sind auch nicht deutsche Kollaborateure wie zum Beispiel Ante Paveliæ, Führer der furchterregenden Ustascha in Kroatien, oder der Belgier Pierre Daye, Mitbegründer der Argentinischen Gesellschaft für den Empfang von Europäern (SARE), die sich speziell und ganz öffentlich für Kriegsverbrecher aussprach. Oder auch der holländische Journalist Willem Sassen, von dem gleich die Rede sein wird.

Man darf dabei nicht vergessen, dass auch einfache deutsche Soldaten in Argentinien Zuflucht vor ihrem zerbombten Land gesucht haben. Darunter Leute wie der Geologe Gerhard Klammer, der auch bei CAPRI gearbeitet hat und der Vorgesetzte von Eichmann war – er hielt nicht viel von Eichmann, wie seinen Briefen zu entnehmen ist – und der später den entscheidenden Hinweis für dessen Festnahme gegeben hat, wie Bettina Stangneth und Willi Winkler vor Kurzem in einem Artikel in der *Süddeutschen Zeitung* darlegten.

Argentinien war schon immer, und ist es bis heute, ein Einwanderungsland, in dem man ohne große Umstände bleiben darf. Meine brasilianische Mutter wurde ohne Probleme eingebürgert, meine spanische Schwiegermutter lebt schon seit mehr als fünfzig Jahren im Land ohne argentinischen Pass. Im schlimmsten Fall genügt es, wenn man alle drei Monate den Rio de la Plata überquert und noch am selben Tag aus Uruguay zurückkommt, um weitere drei Monate als Tourist in Argentinien leben zu können. Ein beträchtlicher Teil der Bevölkerung besitzt eine doppelte Staatsbürgerschaft, oder könnte sie zumindest beantragen. Als mir einer meiner Neffen kürzlich sagte, er würde keinen Antrag auf einen griechischen Pass stellen, auf den er wegen seines griechischen Großvaters – meinem Schwiegervater – Anspruch habe, weil er sich argentinisch fühle, konnte ich dazu nur anmerken, dass gerade die waschechten Argentinier immer einen zweiten Pass in der Tasche aufbewahren – als Zeuge der Vergangenheit sowie Hinweis auf eine mögliche Zukunft.

Deutschland war damals ein Auswanderungsland, und so kann man vielleicht verstehen, warum es so viele Nazis hierherzog. Das Ausmaß bleibt aber immer noch erstaunlich und muss tiefer untersucht werden. Es fällt mir nicht leicht, denn gerade auf der Verdrängung dieses Ausmaßes basiert das Gefühl von Sicherheit, mit der meine Familie hier ein normales deutschjüdisch-argentinisches Leben führen konnte.

13

DAS SÜD(HAKEN)KREUZ

> Ich muss Ihnen ganz ehrlich sagen, hätten wir von den 10,3 Millionen Juden [...] 10,3 Millionen getötet, dann wäre ich befriedigt und würde sagen, gut, wir haben einen Feind vernichtet. Nun da durch des Schicksals Tücke der Großteil dieser 10,3 Millionen Juden am Leben erhalten geblieben sind, sage ich mir, das Schicksal wollte es so. Ich habe mich dem Schicksal und der Vorsehung unterzuordnen ... Wenn 10,3 Millionen dieser Gegner getötet worden wären, dann hätten wir unsere Aufgabe erfüllt. Nun da es nicht so ist, werde ich Ihnen sagen, dass das Leid und das Ungemach unsere noch nicht Geborenen zu bestehen haben. Vielleicht werden sie uns verfluchen ... Ich war ein unzulänglicher Geist und wurde an eine Stelle gesetzt, wo ich in Wahrheit mehr hätte machen können und mehr hätte machen müssen.

Der, der so spricht, ist Adolf Eichmann, und der, an den er sich wendet, ist Willem »Will« Sassen, ehemaliger Waffen-SS- und Nazi-Propagandist, jetzt geflüchteter

Kriegsverbrecher und Nazi-Propagandist, der den Massenmörder dazu überreden konnte, ein Buch aus seiner Sicht zu verfassen. Die sogenannten »Sassen-Interviews« fanden 1957 in Florida statt, dem Vorort von Buenos Aires, in dem ich meine Jugend verbracht habe. In mehreren sich über Monate hinziehenden Begegnungen, bei denen nicht nur Sassen, sondern auch andere Nazis anwesend waren – manche davon sind immer noch nicht identifiziert, wie Bettina Stangneth in ihrem hervorragenden Buch *Eichmann vor Jerusalem* feststellen konnte –, hat dieser professionelle Lügner einem Tonband seine Wahrheit erzählt. Eine sehr verkürzte Fassung dieser ausführlichen Gespräche, die ihm als Übung für die Verhöre in Jerusalem dienen würden, erschien nach seiner Festnahme in der amerikanischen Presse, und eine stark lektorierte Version noch später als Buch: das schaurige *Ich, Adolf Eichmann. Ein historischer Zeugenbericht.* Die spanische Ausgabe ist vergriffen, weil sie komplett von Juden aufgekauft wurde, damit die Bevölkerung die Lüge des Holocaust nicht weiter lesen konnte – das versicherte im besten Holocaust-verleugnenden Stil in einem Fernsehinterview die Ex-Frau seines Sohnes Horst, die später für den Posten der Bürgermeisterin von Garupá (Misiones) kandidierte. Der Inhalt der Sassen-Gespräche kam leider zu spät, um beim Prozess in Jerusalem genutzt zu werden. Es hätte die Arbeit der Anklage wesentlich erleichtert, denn hier hat Eichmann seine Gesinnung und seine Rolle ausdrücklich ausgeführt.

Das hing damit zusammen, dass er sich unter Gleichgesinnten befand. Sassen arbeitete für den argentinischen Dürer-Verlag, in dem er seine eigenen Bücher und als Ghostwriter auch die anderer Autoren veröffentlichte, darunter die Heldengeschichten des Schlachtfliegers Hans-Ulrich Rudel, ein hochdekorierter Soldat Hitlers, der in Argentinien das »Kameradenwerk« gegründet hatte, um Nazis finanziell und juristisch beizustehen – ein Bemühen übrigens, das »angesichts dessen, was zu schaffen notwendig gewesen wäre, nur Stückwerk« blieb, wie sich Rudel in seiner Autobiografie *Zwischen Deutschland und Argentinien* beklagt. Und weiter:

> Oft kam mir der Vergleich mit unserem Kampf gegen russische Panzer in den letzten Kriegsmonaten: der Versuch, mit einigen wenigen einer Flutwelle standzuhalten. Aber wie damals, so war und ist auch bei unserem Kameradenwerk letzten Endes nicht die Menge des aufgebrachten Geldes oder der versandten Pakete das Ausschlaggebende, sondern die Tatsache, dass überhaupt noch jemand da ist, der den von allen verlassenen Kameraden und ihren Angehörigen die Treue hält.

Zum sogenannten Dürer-Kreis gehörte auch die deutschsprachige Zeitschrift *Der Weg. Monatshefte zur Kulturpflege und zum Aufbau,* die Mitte 1947 im Vorort Olivos ins Leben gerufen wurde und für die auch Rudel schrieb. Ein Jahr zuvor war die erste Ausgabe einer gleichnamigen Wochenzeitung in Berlin erschienen, allerdings als »Zeitschrift für

Fragen des Judentums« und von der Jüdischen Gemeinde Berlin herausgegeben. Ob der argentinische *Weg* eine Anspielung oder gar Provokation darstellt, scheint mir sehr fraglich. Als Zufall ist es aber umso krasser.

Die Verfasser des Nazi-*Weg*, zu denen rechte Federn aus Nazideutschland und anderen Ländern zählten – man hatte angeblich sogar Kontakt zu Knut Hamsun und Ezra Pound –, organisierten einen Beratungsdienst für deutsche Einwanderer und kämpften darüber hinaus dafür, eine hitlertreue Regierung außerhalb Deutschlands zu etablieren. Im Jahr 1952, kurz vor dem Bundestagswahlkampf, in dem Hans-Ulrich Rudel als Spitzenkandidat der Deutschen Reichspartei gegen Adenauer kandidieren würde, führte die Zeitschrift eine Umfrage unter ihren Lesern durch, ob sie irgendeinen Teil Deutschlands als Nachfolger des Dritten Reiches betrachteten und ob man nicht besser eine einzige Regierung für die BRD und die DDR im Ausland gründen sollte, zum Beispiel in Buenos Aires. Die Ergebnisse waren allerdings ernüchternd.

Bis 1949 hielt die Zeitschrift, die frei verkäuflich »in allen deutschen Buchhandlungen« in Buenos Aires auslag, aber auch und vor allem abonniert wurde, ihren angeborenen Antisemitismus in Grenzen und wurde anscheinend sogar von Adenauer unterstützt: »Machen Sie so weiter! Wir brauchen Sie dort«, zitiert ihn der politische Redakteur Juan Maler, der eigentlich Reinhard Kops hieß, ein ehemaliger SS-Mann. Das mit dem Antisemitismus änderte sich mit der allmählichen Ankunft der »Helden« des verlorenen Krieges wie Hans-Ulrich Rudel oder des erbitterten Antisemiten Johann von Leers, der bisweilen die Hälfte der Zeitschrift unter verschiedenen Pseudonymen füllte. Geführt wurde die Zeitschrift vom ehemaligen HJ-Leiter Eberhard Fritsch.

Juan Maler schrieb in seiner Autobiografie *Frieden, Krieg und »Frieden«*, 1989 in seinem eigenen Verlag veröffentlicht:

> Eines späten Nachmittags setzte ich mich hin und schrieb einen längeren Aufsatz über das jüdisch-deutsche Verhältnis ... Ich lehnte darin die Judenpolitik des Dritten Reiches ab und brach Lanze für eine Annäherung auf der Basis des wirklich Geschehenen ... Wörtlich hieß es darin: »Es ist ein großer Fehler, wenn der Hinweis auf die alliierten Nachkriegsverbrechen erfolgt, um die Verbrechen, die von Angehörigen unseres Volkes begangen wurden, damit zu verdecken und möglichst vergessen zu machen ...« Die Antwort war ein Kündigungstelegramm von Herrn [Direktor Eberhard] Fritsch. Mir wurde Treulosigkeit meinem Brotherrn gegenüber vorgeworfen und damit das Anrecht auf eine gesetzliche Entschädigung abgesprochen.

Die Wende löste einen kleinen Skandal aus, die Zeitschrift wurde in der amerikanischen Zone verboten, die Geheimdienste sind auf sie aufmerksam geworden, der Verkauf in Deutschland beschränkte sich auf einen kleinen Kreis, in dem keiner mehr als eine Person kannte, typische Guerilla-Taktik. Nichtsdestotrotz erreichte *Der Weg* bis 1953 um die 16000 Abonnenten allein in Deutschland und fast doppelt so viele weltweit. Auf der vorletzten Seite sind die Personen, Buchhandlungen und Geschäfte verzeichnet, in denen man die Zeitschrift bekommen konnte, von Brasilien bis Südafrika (wo bis zu 2500 Exemplare verkauft wurden) und sogar in Tibet. Laut dem Forscher Holger Meding darf man deswegen von der wichtigsten deutschsprachigen Nazi-Publikation der unmittelbaren Nachkriegszeit sprechen.

Während in Deutschland die Zeitschrift nur deswegen nicht verboten wurde, weil sie, als es so weit war, nicht mehr existierte, konnte sie in Argentinien sogar nach Peróns Sturz weiter gedruckt werden, allerdings nur bis 1958, als man wegen finanzieller Schwierigkeiten Schluss machen musste.

Weder die Zahlen noch die allgemeine Beschreibung genügen, um die Dimension des Kampfes der Verfasser gegen die Juden und für ein »Deutschland über alles«, als ob nichts geschehen wäre, wirklich wahrnehmen zu können. Dazu musste man sie lesen. Nicht nur manche Schlagzeilen wie etwa den Artikel über »die Lüge von den sechs Millionen«. Nein: Man muss eine ganz normale Nummer von Anfang bis zum Ende durchlesen. Da man das aber keinem vernünftigen Menschen zumuten kann, habe ich die schmutzige Arbeit auf mich genommen, auch um die Wut und die Machtlosigkeit zu spüren, die die argentinischen Juden gefühlt haben müssen beim Blick auf diese Hasshefte.

Welche von den über hundert Ausgaben ich in Angriff nehmen sollte, war sehr leicht zu entscheiden: diejenige, die ich besitze. Es handelt sich um das erste Heft des 9. Jahrgangs aus dem Januar 1955, auf das ich dank meines Buchhändlers für internationale Bücher aufmerksam geworden bin, den Engländer Daniel Zachariah, der vor nicht allzu langer Zeit die *Librería Henschel* erworben hat, die Buchhandlung des Vaters meines besten Freundes in der Schule und das letzte noch bestehende deutsche Antiquariat des Landes. Henschel war jeckisch, Daniels Vater war ein sephardischer Jude aus Indien, und trotzdem hat er mir einen beträchtlichen Rabatt gegeben: Von satten 50 US-Dollar hat er es auf knapp 5 runtergesetzt, ohne dass ich verhandeln musste, denn: »Ich verkaufe diesen Nazi-Scheiß lieber an dich als an Alt-Nazis, von denen ich leider eine ganze Menge als Kunden dulden muss.« Sollte ich auf die komplette Sammlung stoßen, dann solle ich sie sofort kaufen, auch wenn der Preis astronomisch sei. Allerdings möchte ich es mit der politischen Korrektheit auch nicht übertreiben.

Also los geht's. Sensiblen Menschen empfehle ich, den *Umweg* zu nehmen, und wir treffen uns dann wieder in Kapitel 15.

14

DER WEG, SCHRITT FÜR SCHRITT

Das Oktavheft eröffnet gleich mit einigen fett gedruckten, bequem lesbaren Versen von NS-Propagandist Rudolf Binding, der das Volk zu einer blutigen Auflehnung gegen »Bequemlichkeit, Fett und Dünkel« aufruft. Wieder in diese Vorkriegsstimmung versetzt, kommen wir zur einzigen spanischsprachigen Seite der ganzen Zeitschrift, wahrscheinlich ein Entgegenkommen an die argentinische Zensur. Dort ehrt W. Sassen den verstorbenen Enrique P. Osés, Herausgeber u. a. von *El Pampero,* einer von der deutschen Botschaft finanzierten Nazi-Zeitung. Gleich gegenüber findet sich der eigentliche Leitartikel, unterzeichnet vom ehemaligen Sportlehrer der Fridericus-Schule, Eberhard Fritsch, Gründer des Dürer-Verlags und Direktor der Zeitschrift. Es handelt sich schlicht und einfach um einen Aufruf zum Wiederaufbau des Deutschen Reiches: »Unsere Liebe zum ewigen Deutschland soll Ausdruck in einem tätigen Einsatz für des Reiches Verwirklichung finden.«

Rudolf Binding kommt dann wieder zu Wort – vermutlich ohne seine Erlaubnis, denn er ist 1938 gestorben – mit einer vierseitigen, undatierten (weil ewigen) Rede an die deutsche Jugend:

> Der Rhein, den du kennst und liebst, ist der Weg, auf dem die Kultur, das Schöne und Heitere nach Deutschland kam. Glaube nur, dass es das Schöne ist, was der Deutsche immer wieder mit hungernder Seele sucht, dem er nachgeht in dem fernen, glücklicheren Süden und das er ohne Gefahr, als Ausgleich des stärkeren Nordtums in ihm, in sein männliches Wesen aufnimmt.

Es folgt ein Text von François Dauture (er existiert wahrscheinlich nicht, klingt aber schön international) über den antisemitischen Eugeniker Vacher de Lapouge. Die Juden, die »besonders verbissen und hitzig« seien, hätten sich völlig zu Unrecht gegen jene rassistische Disziplin gestellt: »Wenn man den Geist der Rasse und den Auslesegedanken so weit treibt wie die Juden, hat man weniger als irgendjemand sonst das Recht, die Rasse zu leugnen und den Auslesegedanken zu bekämpfen.«

Gleich danach ruft der Held der Helden, Hans-Ulrich Rudel, zur Wiederbewaffnung Deutschlands auf, »um die Erhaltung der bedrohten deutschen Volkskraft« zu sichern. Ein ganzseitiges Gedicht von Börries Freiherr von Münchhausen klagt im Anschluss: »Hagen, sag, was bleibt uns denn heut:/Ohne Führer das heilige Volk/Tot die Helden, und hoffnungslos/Deutsches geschickt an Fremde versklavt«. Eine zusätzliche Info, die *Der Weg* zu drucken nicht für nötig hielt: Das Gedicht spricht nicht von *dem* Führer, die die Weganer so schwer vermissen, denn es wurde bereits 1921 verfasst.

Der nächste Artikel über die Karpatendeutschen endet mit der Erinnerung an die Slowaken, die tapfer an deutscher Seite gekämpft hätten. »Von Ort zu Ort rasten die Mörderbanden – und das berüchtigte Weltgewissen hat bis heute davon noch nicht Kenntnis zu nehmen geruht«, heißt es, natürlich nicht von den Nazis, sondern von den Partisanen, die sich dagegen gewehrt haben. Nachdem das Potsdamer Abkommen das Karpatendeutschtum aus seiner Heimat vertrieben hatte, gilt es jetzt, ihre Rückkehr zu erkämpfen: »Sie wird uns nicht geschenkt. Deshalb gelten auch uns allen die letzten hörbaren Worte des sterbenden Slowakenführers Pater Hlinka [allerdings: 1938 gestorben!]: ›Aushalten im Kampf für die Freiheit bis zum Sieg!‹«

»Seit 1945 hallt die Welt wider von der deutschen Schuld am Kriege, und Nürnberg sollte diese Lüge untermauern«, heißt es im übernächsten Artikel, ein Teil einer Serie, mit der sich *Der Weg* »die Hintergründe der systematischen Sabotage am deutschen Sieg« zu erforschen verspricht. Erste Behauptung dieser Revision der offiziellen Geschichtsschreibung: Adolf Hitler konnte »sich nur durch die gewaltsame Beseitigung der ungehorsamen und (des letzten Reichskanzlers der Weimarer Republik Kurt von) Schleichers Spiel erlegenen SA-Führer erretten«. Es folgen sieben Seiten (plus Fußnoten) in derselben Leier, mit Hitler als Hauptfigur in fast jedem Paragrafen.

Genug und mehr als genug vom revisionistischen Mischmasch blutrünstiger Rechtsrächer der Weltgeschichte? Und wir sind nicht mal in der Mitte des Heftes angelangt!

Ich habe das gesamte Heft gelesen und zusammengefasst, auch wenn es hier nicht ausgeführt wird. Es war mir wichtig zu verstehen, wie diese widerliche Weltanschauung sich in jeder Zeile versteckt bzw. offensichtlich wird. Warum? Weil man sich sonst vor lauter Übelkeit von solchen Untexten weit entfernt und das, was genau Nazigedankengut meint, durch die Entfernung schwächer wird oder gar unter der Rubrik »Nazizeug« vergisst.

Mein ganzes Leben habe ich diese Distanz bewahrt und hatte dafür auch die denkbar beste Ausrede: Ich kenne das alles, meine Familie war betroffen, lasst mich jetzt gefälligst in Ruhe weiterleben. Deswegen staune ich jetzt, dass so was gedruckt werden konnte, zu dieser Zeit, in Argentinien, wohin viele Juden geflohen waren, und will andere zum Mitstaunen bringen.

Dieses Staunen ist aber im Grunde ein gefährliches Anzeichen dafür, dass man sich vielleicht zu sehr in Schutz gebracht hat. Darum kümmern sich schon andere, denkt man: an den Unis, in den offiziellen Institutionen. Das genügt aber nicht. Diese Texte haben ein Eigenleben und wirken außerhalb jener offiziellen Sphären. Deswegen muss man weiterhin auf der Kippa sein!

Die langsame Lektüre bringt noch eine Erkenntnis, und zwar: von Argentinien ist im ganzen Heft nie die Rede. Es werden Reisen an viele Orte der Welt unternommen, immer wieder, um gegen die Juden zu hetzen, aber über das Land, in dem die Zeitschrift gedruckt wurde, kein Wort. Erst am Ende, just unter der Rubrik »Das Weltgeschehen«, kommen auch ein paar Zeilen über Argentinien. Und was ist das Wichtigste, was in Argentinien im letzten Monat passierte? Eine Gedenkfeier »für den vor 15 Jahren ruhmvoll aus dem Leben geschiedenen Kommandanten des Kreuzers ›Admiral Graf Spee‹«. Natürlich nicht koscher genug: durch »die Unehrbietigkeit, die man dem toten Kommandanten entgegenbrachte, indem man ängstlich vermied, die schwarz-weiss-roten Farben zu zeigen, unter denen sein Kämpfen und Sterben gestanden hatte«, wurde die ganze Totenfeier »zu einer Farce, zu einem Propagandarummel« herabgewürdigt.

Darin sehe ich einen großen Unterschied zu meiner Familie, und wahrscheinlich nicht nur sie: Die deutsche Gegenwart war bei uns nie ein Thema. Im Gegensatz zu den Nachrichten aus Israel, die meine Eltern verfolgten und kommentierten, als wäre es ein Nachbarland. Nicht mal jetzt, wo drei der vier Kinder hier wohnen, würde ich sagen, dass das Land ihrer Vorfahren viel interessanter geworden ist. In dieser Hinsicht hat der nie verwirklichte zionistische Traum meines Vaters die Oberhand gewonnen. Wenn es nur nach ihm gegangen wäre, wären wir höchstwahrscheinlich in Israel zur Welt gekommen, doch meine Mutter hatte da ihre Bedenken. Meine Eltern haben sich bei einem Zwischenstopp auf ihren jeweiligen Einjahres-Reisen ins Heilige Land kennengelernt, dann wurde Argentinien zum verlängerten Zwischenstopp eines gemeinsamen Lebens. Anders als die sehnsüchtigen Nazideutschen lehrten sie ihre Kinder, das Land, in dem sie lebten, zu lieben, auch wenn diese Kinder es später verlassen haben. Dass es sie ausgerechnetgerade nach Deutschland zog, ist natürlich kein Zufall. Vielleicht war die vermeintliche Indifferenz doch eine attraktive Art, über Deutschland zu sprechen.

15

OVEN *NOT OVER*

Der ideologische Nachfolger von *Der Weg* wurde von dem Pressereferenten vom Reichsminister für Volksaufklärung und Propaganda übernommen, Wilfred von Oven, dessen zweibändiges Buch *Mit Goebbels bis zum Ende* ein Bestseller des Dürer-Verlags war, auch wenn die entsprechenden Honorare anscheinend nicht vollständig bezahlt wurden. Seine Texte wurden zwar nie in diesem »Parnaß des Dritten Reiches« veröffentlicht, und trotzdem bedauerte er die Schließung der Zeitschrift als einen »ideellen Verlust für unsere deutsche Sprache«, wie es in seiner Biografie *Ein »Nazi« in Argentinien* (1999) steht.

Ursprünglich als *Spiegel*-Reporter nach Argentinien gekommen (meinte er zumindest, *Der Spiegel* will das nicht bestätigen), war von Oven in den Fünfzigerjahren Chefredakteur der *Freien Presse,* dem Nachfolger der verbotenen *Deutschen La Plata Zeitung,* die mit 30000 Exemplaren als größte Zeitung in deutscher Sprache außerhalb Europas galt – bis 1977, als sie eingestellt wurde, womit das *Argentinische Tageblatt* als einzige deutschsprachige Zeitung (allerdings jetzt nur noch als Wochenblatt) bis

Anfang 2023 Bestand hatte, als sie auch dichtmachen musste. Nach der Entführung Eichmanns schrieb von Oven einen Artikel gegen die Verletzung des argentinischen Territoriums, geriet deswegen in Konflikt mit der Leitung, die lieber bundesrepublikanisch bleiben wollte, und kündigte, um seine eigene Zeitung herauszugeben, die *Deutsche Kommentare am Río de la Plata.* Dieser Ein-Mann-Betrieb erreichte bis Ende der Sechzigerjahre eine Auflage von 10000 Exemplaren und arbeitete mit dem rechtsradikalen Monatsblatt *Nation Europa* aus Westdeutschland zusammen. 1967 begann von Oven ein neues Projekt, das »Familienmagazin« *La Plata Ruf,* das Abonnenten in ganz Südamerika hatte, darunter Klaus Barbie in Bolivien.

Der Historiker Holger Meding, der mit von Oven korrespondierte, erklärte den Namen der Zeitschrift so: »*La Plata Ruf* erschließt sich erst dann, wenn man die Abkürzung des Titels LPR umgedreht liest: RPL. RPL war im Dritten Reich die Abkürzung für *Reichspropagandaleitung.*« Alle diese Publikationen »beeinflussten die Meinungsbildung der deutschen Gemeinschaft signifikant«, meint Meding weiter. »Die konservativen Tendenzen der Gemeinschaft wurden bestärkt und die nationalsozialistischen Anhänglichkeiten konserviert.«

Doch Wilfred von Oven gab sich nicht mit der deutschen Gesellschaft zufrieden, sondern versuchte, seine Weltanschauung auch den Argentiniern zugänglich zu machen. Deswegen gab er 1989 dem Videoverlag El Walhalla ein sechsstündiges Interview, das freundlicherweise vom *User* »Fasci Nation« vor einigen Jahren auf Youtube hochgeladen wurde. Mit seinem nach vier Jahrzehnten immer noch brüchigen Spanisch klärt von Oven geduldig und gut gelaunt die einheimische Bevölkerung über Goebbels und den Nationalsozialismus auf. Die ganzen braunen Klischees kommen auf den Tisch: Der Reichstag wurde tatsächlich von einem Anarchisten in Brand gesetzt; die KZs dienten ausschließlich der Wegsperrung von schlechten Elementen der Gesellschaft (»natürlich auch einigen Juden«) und dank dieser herrsche in Deutschland endlich »absoluter Frieden«; die Kristallnacht wurde von Juden geplant und durchgeführt, wie schon wissenschaftlich im Buch von Ingrid Weckert *Feuerzeichen* bewiesen wurde (1981 verlegt, mit Vorwort, raten Sie mal von wem? Tatsächlich: Wilfred von Oven); der Krieg wurde von den Juden begonnen, und so weiter und so Kotz.

In Argentinien, wo das Konzept von Geisterfahrern nicht verbreitet ist, erzählt man folgenden Witz: Ein Galicier, also unser Ostfriese, obwohl wohlgemerkt hier der eigentliche Protagonist genommen werden könnte; ein Nazi also fährt mit seinem Wagen auf die Autobahn und hört plötzlich im Radio die Meldung, ein Idiot fahre auf der Autobahn in die falsche Richtung. »Einer?«, ruft er laut. »Es sind Tausende!« Sechs Stunden lang hat man bei diesem Nazioten – wie seine Gleichgesinnten im *Argentinischen Tageblatt* tatsächlich genannt wurden – das Gefühl, er lebt in einer verkehrten Welt, wo alle die Wahrheit verneinen und nur er spricht sie mutig aus. Sein Buch heißt nicht nur *Mit Goebbels bis zum Ende,* weil man dort Goebbels' Schaffen bis zu dessen Tod verfolgen kann, sondern offenbar auch, weil der Autor selbst bis zu seinem eigenen Tod dem Helden treu geblieben ist.

Solches Propagandamaterial eines Nazis wie von Oven hätte man in Deutschland sofort verboten. Kurioserweise war dies auch in Argentinien der Fall. Nicht nur wegen dieses Videos, sondern wegen des ganzen Katalogs, der Produktionen wie »Die Lüge des Holocausts« enthielt, wurde El Walhalla 1999 von der Polizei durchsucht und die Besitzerin, Erika Dago, die Frau, die von Oven im Interview bei allen seinen Aussagen zustimmt, verhaftet. Die Anzeige war vom argentinischen Sitz des Simon Wiesenthal Center erstattet worden. Doch mit einem niederschmetternden Ergebnis: Verteidigt vom Anwalt der Nazi-Partei des argentinischen Möchtegern-Führers Alejandro Biondini, wurden Dago und ihr Mann vier Jahre später von jeder Schuld freigesprochen. Jetzt rühmen sie sich, die weltweit Ersten zu sein, die einen Prozess gegen das Simon Wiesenthal Center gewonnen haben.

Eine bizarre Coda dieser Liebe der Nazi-Propagandisten für die Medien war 1996 der Auftritt des älteren Sohnes von Oven, Volker von Oven, im Fernsehen, nachdem bekannt wurde, dass er seinen Samen für die Verbesserung der Rasse verkauft habe. Ohne Übertreibung: wegen seiner hellen Augen und vermeintlichen Intelligenz wurde er von einem Bewohner seines Dorfes in der Provinz El Chaco gebeten, seine Frau zu schwängern. Das hat er pflichtbewusst getan und danach mit anderen wiederholt und das Ganze im Fernsehen erzählt. Barfuß, langbärtig, schmutzig und mit dem wilden Blick eines Besessenen nutzte er seine fünfzehn Minuten Ruhm, um Hitler zum größten Helden der Deutschen Nation hochzujubeln und die Gaskammer von Auschwitz (eine einzige) als ein Desinfektionsmittellager für verlauste Klamotten zu erklären. Niedlich, was? Ganz der Papa!

Jetzt im Ernst, soweit man das ernst nehmen soll: Man fragt sich, wie das im Fernsehen gezeigt werden durfte und wie viele Leute das tatsächlich gesehen haben. Wahrscheinlich hängt die geringe Anzahl der Letzteren mit der Möglichkeit des Ersteren zusammen. Es erscheint eher in der Spalte »Bizarres« als in der Spalte »Neonazi-Drohung« und vielleicht ist es auch nicht verkehrt, dass es in aller Öffentlichkeit geschieht. Was in Deutschland undenkbar wäre, wirkt in Argentinien wie ein Teil eines Zirkusses, den man auch ironisch konsumieren darf. Bis es eben ernst wird. Problem dabei ist nur, man könnte das zu spät erkennen und im Nachhinein die ganze Gelassenheit bereuen. Explizite nationalsozialistische Ansichten werden aber normalerweise, wie in Deutschland, sofort von der Politik parteiübergreifend (bis auf eine) verurteilt.

1949 erschien in der *Münchner Allgemeinen* – und danach in *Der Weg* – eine Karikatur von der Redaktion, wo ein paar Altnazis, darunter der ehemalige SS-Mann und jetzige Dürer-Verlag-Autor Otto Skorzeny, in einem Verschlag geschmückt mit Hakenkreuzen und Bildern von Hitler und Goebbels trinken und ihre Artikel scheißen (tatsächlich scheint Skorzeny seine Manuskripte um den Hintern gewickelt zu tragen). Die sehr einfache Hütte, eigentlich nicht mehr als ein Sonnendach, liegt mitten im Urwald, und die Herrschaften werden dabei von einem halb nackten Indianer und ein paar Affen bedient. Argentinien als Affenland, eine sehr verbreitete (rassistische) Einstellung damals unter den Deutschen, soll wahrscheinlich die Lächerlichkeit dieses fernen Unternehmens hervorheben, gibt aber angesichts von Leuten wie Volker von Oven Anlass zu denken, dass die Affen nicht vorher im Land waren, sondern mit den Nazioten – wie vom *Argentinischen Tageblatt* getauft – importiert wurden – wie der Werwolf und der »Heil Hitler!« rufende Adler im Bild. Volkers Vater Wilfred, der übrigens mit Aufklebern wie »Ich bin stolz, Deutscher zu sein« und »Deutschland, Deutschland über alles« auf der Heckscheibe seines Volkswagens herumfuhr, betrachtete Argentinien als bloße Zwischenstation zur Wiederherstellung des Tausendjährigen Reichs. Das Ende seines Buches klingt zwanzig Jahre später wieder unheimlich aktuell:

> Hier glüht der Funke deutschen Volksbewusstseins, den viele in der alten Heimat für erloschen halten, noch weiter. Um ihn wieder zur Flamme zu entfachen, braucht nur kräftig genug hineingeblasen zu werden. Das müssen Jüngere besorgen, wenn uns einmal der Atem ausgeht. Sie scheinen dabei zu sein, in Köln und Frankfurt am Main genauso wie in Leipzig, Wien und Frankfurt an der Oder. Der alte Oven, der noch immer nicht aus ist, stellt es mit Wohlgefallen fest.

16

WAR PERÓN EIN NAZI?

Hans-Ulrich Rudels Buch *Zwischen Deutschland und Argentinien* (1955) ist sein »Dank an Argentinien« und General Perón. Darin berichtet Rudel über ein persönliches Gespräch mit dem Präsidenten:

> Seine Sympathie für Deutschland und alles Deutsche ist echt und beruht auf seiner Vorliebe für alles wirkliche Soldatische. Die deutschen Leistungen in den beiden Weltkriegen haben ihn ebenso tief beeindruckt wie deutsche militärische Disziplin und Instruktoren. Uns alten Soldaten gehört sein ganzes Herz, und er lässt keine Gelegenheit ungenutzt, uns das zu beweisen. Wir haben ihm sehr vieles zu verdanken.

Natürlich war Rudel nicht der einzige Nazi, der die Ehre hatte, mit Perón zu verkehren. Der General erzählt in einem Interview mit dem späteren berühmten Schriftsteller – damals noch jungen Journalisten – Tomás Eloy Martinez von einem »Spezialisten für Genetik«, der ihn in den Fünfzigerjahren mehrmals in seiner Residenz besucht habe, um über seine Entdeckungen zu sprechen.

Einer »dieser rüstigen Bayern, gebildet, stolz auf sein Land … Wenn ich mich nicht irre, hieß er Gregor. Genau, Doktor Gregor«. Also der Tarnname, unter dem Josef Mengele eine Zeit lang in Argentinien lebte.

Perón musste in den Fünfzigerjahren nicht unbedingt wissen, wer Gregor wirklich war. Doch im Jahr 1970, als dieses Interview stattfand – er war gerade im Begriff, nach fast zwanzig Jahren Exil erneut Präsident zu werden –, konnte er wohl in Erfahrung gebracht haben, was Ärzte wie Mengele in der Nazizeit angerichtet hatten. Doch dazu, so gesprächig er sonst auch war, hat er sich nie geäußert. Die Nürnberger Prozesse hingegen hielt er für

> eine Schmach und eine unheilvolle Lehre für die Zukunft der Menschheit, […] unwürdig der Sieger, die damit keine zu sein schienen. Jetzt stellen wir fest, sie hätten den Krieg verlieren sollen. Wie oft habe ich während meiner Regierung Reden über Nürnberg gehalten, die größte Ungeheuerlichkeit, die die Geschichte nie verzeihen wird!

War also Perón ein Nazi? Für viele gibt es darüber keinen Zweifel, und er war es schon, bevor er richtig an die Macht kam. Er konnte ein wenig Deutsch, hatte Deutschland (und Italien) 1939 als Teil seiner Militärausbildung besucht, verehrte das deutsche Heer (wie übrigens alle seine Kollegen) und hatte enge Kontakte zur deutschen Kollektivität. Als er 1945 seine Ämter niederlegen musste, war es Rodolfo Freude, der Sohn des wohlhabenden

Unternehmers Ludwig Freude – dem letzten Präsidenten des Deutschen Klubs vor seiner Enteignung –, der ihm zusammen mit seiner Verlobten Eva Duarte sein Sommerhaus im Delta von Tigre als Zufluchtsort zur Verfügung stellte. »Auf der ganzen Insel«, würde Perón später erzählen, »gab es nur ein Haus, unter der Aufsicht eines Deutschen, der ziemlich schlecht Spanisch sprach. Er hieß Otto, und da er andauernd ›Jawohl‹ sagte, nannten wir ihn Otto Jawohl.« Der hilfsbereite Rodolfo »Rudi« Freude wurde danach Staatssekretär und soll sich – zusammen mit dem Industriellen Guillermo Staudt und dem SS-Mann Carlos Horst Fuldner – nach dem Krieg sehr aktiv für die Einwanderung von Nazis eingesetzt haben.

Während des Wahlkampfes, der Perón nach diesem kurzen inneren Exil zur Präsidentschaft verhalf, wurde auf Veranlassung des US-Botschafters Spruille Braden das sogenannte *Blaue Buch* veröffentlicht, in dem anhand von Berichten des US-Geheimdienstes und der ersten Verhöre von Kriegsgefangenen die Zugehörigkeit Peróns zur Achse bewiesen werden sollte. Das Büchlein wurde auf Deutsch komplett im *Argentinischen Tageblatt* in mehreren Fortsetzungen abgedruckt, womit klar wird, welche Meinung die Jeckes und überhaupt alle deutschen Liberalen zu diesem »Hitler-Epigonen« hatten. Der gefürchtete Populist, unter dessen Amtszeit das *Argentinische Tageblatt* mehrmals am Rand des Verbots stand, reagierte prompt mit einem *Weißblauen Buch* (den Farben der argentinischen Flagge), in dessen Produktion angeblich Rudi Freude verwickelt war. Die Polarisierung »Braden oder Perón« durch die US-Regierung wurde ihr zum Verhängnis: Perón wurde mit fast 53 % der Stimmen gewählt – und sechs Jahre später sogar mit 62 %.

Die Dämonisierung durch die US-Amerikaner nahm nach dem Putsch, der seiner zweiten Amtszeit 1955 ein frühes Ende setzte, wieder Fahrt auf. Sein Gegner Silvano Santander – Abgeordneter der Radikalen Partei und Mitglied der parlamentarischen Kommission zur Erforschung der illegalen Aktivitäten ausländischer Organisationen im Lande – veröffentlichte ein Buch, in dem der verbannte Diktator wie eine Marionette des Naziregimes dargestellt wird, sogar mit Faksimile-Nachbildungen von Dokumenten, die diese Anschuldigungen beweisen sollen. So erfahren wir beispielsweise, dass Perón regelmäßig in der deutschen Botschaft Poker spielte und man ihn immer gewinnen ließ – nur geschah dies angeblich zu einer Zeit, in der er sich gar nicht in Argentinien aufhielt. Beschlagnahmte Briefe sollten beweisen, dass Rudi Freude für Evita eine Perlenkette besorgte – aber leider zu einer Zeit, in der sie den General noch nicht mal kannte. Hinter diesen Peinlichkeiten steckt erneut Heinrich Jürges, der notorische Fälscher, der es immer wieder schaffte, ungeprüfte politische Anklagen mit falschen Beweisen zu unterfüttern. Das Buch von Santander hieß *Técnica de una traición* (*Technik eines Verrates*) und als eine Antwort darauf erschien die Abhandlung *Técnica de un papelón* (*Technik einer Beschämung*) vom Deutschen Walter von Simons. Von Simons war Direktor der Nazi-Nachrichtenagentur Transocean und während des Krieges und danach Angestellter im Propagandabüro von Perón.

Die Strategie, Perón nicht nur Tatsachen, sondern auch Dubioses und gar Fantastisches anzudichten, ist bis heute lebendig – natürlich auch aus dem einfachen Grund, weil sich damit mehr Bücher verkaufen lassen. Die letzte dieser sensationellen Anschuldigungen sind in Uki Goñis Buch *Perón y los alemanes* (*Perón und die Deutschen*) und später auch auf Deutsch in seinem berühmten Traktat *Odessa: Die wahre Geschichte* verewigt. Dort wird von einem Gerücht berichtet, das angeblich 1943 in Argentinien kursierte: Als die »Gruppe Vereinte Offiziere« (GOU), in der Perón eine prominente Rolle spielte, durch einen Putsch an die Macht kam, plante sie den Bau von Konzentrationslagern in der Nähe von Buenos Aires. Als Quelle für diese Lösung der Judenfrage gibt Goñi ein Interview mit einem gewissen Abel Blau an (die entsprechende Kassette soll im Archiv des United States Holocaust Memorial Museums liegen), das er persönlich geführt hat. Er hätte dieses Gerücht aber auch Ray Josephs *Argentine Diary* von 1944 entnehmen können, in dem es eher um normale Gefängnisse geht. Schließlich wusste man damals noch nicht so recht, was Auschwitz wirklich bedeutete.

Die etwas anachronistische Vorstellung machte aber Furore, nämlich im Roman *Das letzte Experiment* (2008) des britischen Krimi-Autors Philipp Kerr. Dort wird am Ende erzählt – Achtung, Spoiler! –, dass es in Argentinien dieselbe Art von KZs wie in Deutschland gegeben habe, und das nach 1945, damit Perón höchstpersönlich dafür verantwortlich gemacht werden kann. »Ich hab keine Beweise dafür, aber es hätte geschehen können«, meinte Kerr in einem Interview mit der spanischen Zeitung *El País,* als sein Buch auf Spanisch herauskam:

> Auf jeden Fall verdienen sie es, dass ich es erfunden habe: Wenn du achttausend Nazi-Kriegsverbrecher in deinem Land aufnimmst, dann musst du damit rechnen, dass die Leute sich Fragen stellen wie: Was haben sie denn da getrieben?

Nun hat Kerr – der sein Buch verwirrenderweise den *desaparecidos* widmet, also den Verschwundenen der Militärdiktatur, die nach Peróns Tod die Macht übernahm und die nachweislich Geheimgefängnisse betrieb, in denen Zehntausende Anhänger Peróns und linke Revolutionäre gefoltert und ermordet wurden, und das mit besonderer Genugtuung, wenn sie auch noch Juden waren – die Antwort nicht selbst erfunden, sondern wiederum Goñis Buch entnommen, den er im Nachwort als die »einzige unerlässliche Quelle« für das Thema »Odessa« nennt.

Somit kehrt »Odessa« in die Fiktion, aus der es entstanden ist, zurück. Denn es ist erst dem Weltbestseller »Die Akte Odessa« von Frederick Forsyth aus den Siebzigerjahren und der nachfolgenden Verfilmung des Buches zu verdanken, dass der vom amerikanischen Geheimdienst in Umlauf gesetzte Verdacht einer »Organisation *d*er *e*hemaligen *SS*-*A*ngehörigen«, die eine Auswanderung der Kriegsverbrecher stabsmäßig geplant habe, in die breite öffentliche Meinung gestreut wurde. Zu diesem nie bewiesenen Mythos kehrt Goñi in seinem Sachbuch zurück und muss, so großzügig er auch mit seinen Quellen umgeht, am Ende doch zugeben, dass von einem »wahren Odessa« kaum die Rede sein kann.

So wie Kerr seine Recherchen auf Goñi stützte, basierte Forsyths *Die Akte Odessa* auf den Recherchen des Nazi-Jägers Simon Wiesenthal. Wiesenthal gab Forsyth all die Informationen über den Gettokommandanten von Riga, Eduard Roschmann, Hauptcharakter des Romans, aus guten Gründen: Er wollte nämlich, dass der Fall bekannt wurde und man Roschmann so eventuell schnappen konnte. Und auch wenn das nie geschah, musste Roschmann tatsächlich seit der Bekanntmachung seines Falles durch das Buch und den Film ständig seine Anschrift ändern und starb kurz danach im Alter von 69 Jahren in Paraguay.

Kein richtiges *Odessa* also, aber doch eine Art *Peróndessa*? Darf man also von Juan Domingo Perónnazi sprechen? Er hat mit Sicherheit und in aller Offenheit zumindest die Einwanderung von Wissenschaftlern befördert, schon immer ein begehrter Artikel hierzulande und nach dem Krieg sozusagen im Angebot. »Deutschland hatte Millionen Mark in ihre Bildung investiert«, würde Perón später zugeben, »und uns kosteten sie nur ein Flugticket.« Auf verschiedenen Fluchtwegen, die auch die Verbrecher benutzt haben – der Ausdruck *Rattenlinien*, den man fälschlicherweise auch für Argentinien benutzte, war eigentlich die Bezeichnung des amerikanischen Geheimdienstes für die Fluchtwege der eigenen Agenten –, kamen z.B. der Flugzeugkonstrukteur Kurt Tank und seine Mannschaft nach Córdoba, wo sie das erste argentinische Jagdflugzeug, das Pulqui II, entworfen und gebaut haben. So erinnert sich der Pilot Hans-Ulrich Rudel am Tag des Jungfernfluges:

> Zehntausende waren mit Omnibussen, eigenen Wagen, Lastautos, Fahrrädern und zu Fuß hinausgeströmt, um Zeugen dieses für die Geschichte der argentinischen Luftfahrt einschneidenden Ereignisses zu werden. Natürlich war auch die deutsche Kolonie nahezu vollzählig versammelt und man sah viele bekannte Gesichter. Wim Sassen hatte sich ein Magnetofonband-Gerät besorgt und machte Interviews und Schallaufnahmen, die er später mit einer darüber gesprochenen Reportage dem nordwestdeutschen Rundfunk anbot, und die meines Wissens dort auch gesendet wurde.

Die schon erwähnte CAPRI leistete mit ihren, wenn auch unvollendeten, Studien keinen geringen Beitrag für die Entwicklung der hydroelektrischen Energie.

Bei der Atomenergie dagegen erlebte Perón eine groteske Bauchlandung. Auf Empfehlung von Kurt Tank wurde der österreichische Physiker Ronald Richter importiert, von dem sich Perón Nuklearfusionen und dadurch bequem transportfähige Atomenergie versprach. Dafür stellte er Richter eine eigene Insel im Nahuel-Huapi-See zur Verfügung – Huemul, gegenüber Bariloche –, viel Personal (um die 200 Leute), einen riesigen Etat für den Bau von Atomreaktoren und absolute Freiheit – was der despotische Richter auch zu nutzen wusste. Wenig später, Anfang 1951, kam die ersehnte Nachricht: Man habe thermonukleare Reaktionen unter Kontrolle durchführen können. Perón verkündete stolz, Argentinien produziere ab jetzt nukleare Energie. In Kürze würde man das ganze Land versorgen können. Die Nachricht machte weltweit Schlagzeilen. Die USA waren besorgt. Niemand hatte bis dahin – bis heute – so etwas geschafft. Richter bekam die Ordnungsmedaille der Peronisten und den Doktor honoris causa der Universität von Buenos Aires.

Doch der Traum vom »Neuen Argentinien«, den Perón durch gezielte deutsche Einwanderung verfolgte, platzte schnell. Nichts, von dem Richter berichtet hatte, konnte im Nachhinein bestätigt werden. Der Mann entpuppte sich als ein unbelehrbarer Scharlatan, der sein Versagen niemals zugab. Allerdings wurde dank des Huemul-Projekts die »Nationale Kommission für Atomenergie« gegründet, die erste ihrer Art in Südamerika und heute noch aktiv. Trotz des Fehlstarts gilt Bariloche heute noch als hoch angesehenes Zentrum für eine Art von Energie, die Argentinien selbst nutzt und international gefragt ist.

In diesem Kontext sollte man nicht vergessen, dass das, was Perón mit seiner Paralleldiplomatie anstrebte und durchführte, sich nicht wesentlich von dem unterscheidet, was auch andere Länder damals verfolgten. Während die USA durch den sogenannten »Pakt von Chapultepec« versuchten, Argentinien von dieser hoch qualifizierten Migration nicht profitieren zu lassen, brachte sie durch die sogenannte *Operation Paperclip* mehr als 600 Wissenschaftler ins eigene Land, darunter den Raketeningenieur und Erfinder der V2-Rakete Wernher von Braun. Auch die Russen haben mit der Operation *Osavakim* versucht, die besten Köpfe aus Deutschland zu holen (mehr als 5000 Fachkräfte), ohne viele Erkundigungen über ihre jüngste Vergangenheit anzustellen. Argentinien musste sich mit der zweiten oder dritten Liga begnügen und hat dabei noch nicht mal alle Bewerber akzeptiert. Die Ankunft der Kriegsverbrecher scheint somit eher Nebenprodukt als Hauptziel der peronistischen Einwanderungspolitik gewesen zu sein, auch wenn die Nazioten – seien sie nun Verbrecher oder nicht – mit allen Ehren aufgenommen wurden und sich durch geduldete Zugehörigkeitsgruppen wie den Dürer-Kreis wie zu Hause fühlen konnten.

Also dann, ein für alle Mal: War der »Pocho« ein Nazi oder war er es nicht?

Vielleicht kann man die Frage beantworten, indem man Peróns Verhältnis zu den Juden analysiert, denn ein Nazi muss *per definitionem* ein Antisemit sein. Davon gab es in der GOU und später in seiner eigenen Regierung nicht wenige, angefangen von Santiago Peralta, dem Direktor der Einwanderungsbehörde, der rassische Kriterien in der Einwanderungspolitik einführen wollte und sogar ein Buch gegen die jüdische Immigration schrieb – und ein zweites gegen die arabische. Doch die Einwanderung von Juden war schon in der vorperonistischen Ära praktisch eingestellt worden, paradoxerweise nach der Konferenz von Evian, die eigentlich für das Gegenteil sorgen sollte. Die geheime *Circular* oder Erlassnr. 11 von 1938 untersagte es grundsätzlich, jedem, der sein Land »als unerwünscht oder vertrieben, egal aus welchem Grund«, verlassen musste, ein Visum zu erteilen. Zwischen 1940 und 1943 wurde von vier Einwanderern einer ausgewiesen, aber wenn es sich um jüdische Einwanderer handelte, war es genau umgekehrt: von vieren wurde nur einer zugelassen. Im *Rechtsberater für Deutsche in Argentinien* aus dem Jahr 1942 heißt es dazu:

> Sehr vernünftig ist die Bestimmung, dass der Einwanderungslustige ein Zeugnis über gute Führung von seiner Heimatbehörde vorlegen muss, bevor ihm der argentinische Konsul das Einreisevisum gibt. Diese Bestimmung könnte sogar noch schärfer gehandhabt werden, denn es gelingt immer noch schlechten Elementen, sich die Einreise zu erschleichen.

Peralta wurde sehr schnell entlassen. Kurz danach ordnete Perón eine Amnestie aller illegalen Einwanderer an, wovon schätzungsweise 10000 Juden profitierten – aber natürlich auch die Nazis, die bis dahin illegal eingewandert waren.

Ein Grund zur Sorge in der jüdischen Gemeinschaft war der Direktor der Nationalbibliothek, Gustavo Martínez

Zuviría, der unter dem Pseudonym Hugo Wast zwei derb antisemitische Bücher verfasste, die sich zudem sehr gut verkauften – auch mithilfe der deutschen Botschaft, die rund 40000 Exemplare für Propagandazwecke erwarb. Ab dem Putsch von 1943 – also mit der Diktatur vor Perón, bei der er einer der Drahtzieher war – wurde Zuviría zusätzlich Bildungsminister, und als solcher setzte er die katholische Erziehung in den Schulen durch. Als Präsident goss Perón das in ein Gesetz, neben anderen wohlwollenden Gesten gegenüber der Kirche. Doch Zuviría blieb nicht lange im Amt, und Perón selbst machte neun Jahre später sein Gesetz wieder rückgängig, als Krönung seiner wachsenden Distanzierung von den Bischöfen – weswegen er auch als Freimaurer und »Judenfreund« beschimpft wurde. Chef des Feuilletons der sehr regierungsnahen Zeitung *La Prensa* war mittlerweile der jüdische Schriftsteller César Tiempo – eigentlich Israel Zeitlin –, der schon 1935 die Bücher von Wast/Zuviría als argentinische Version des Klassikers des Antisemitismus, *Protokolle der Weisen von Zion,* denunziert hatte.

Perón hat sich immer wieder von extremistischen Elementen in der eigenen Partei öffentlich distanziert, wie zum Beispiel die Alianza Libertadora Nacional (Nationale Befreiungsallianz), die sich die berüchtigte Parole »Seien Sie ein Patriot, bringen Sie einen Juden um« ausdachte. Dagegen wurde eine der berühmtesten und langlebigsten peronistischen Maxime von einem Juden erfunden und durch das Radio populär gemacht, nämlich die, die besagt, ein sonniger Tag sei ein peronistischer Tag. Im *barrio*

Once, wo die meisten Juden lebten, erreichte Perón im ersten Wahlgang 37 % der Stimmen.

Perón engagierte mehrere jüdische Mitarbeiter in der Regierung, auch während seiner dritten Amtszeit, etwa den Wirtschaftsminister José Gelbard. Darüber hinaus hat er als Erster die jüdischen Feiertage als offizielle Feiertage anerkannt und die Israelitisch-Argentinische Organisation (OIA) gegründet, als peronistisches Pendant zu der schon existierenden – und heute immer noch wichtigen – jüdischen *Organization DAIA*. »Wie könnte man akzeptieren, wie könnte man erklären, dass es in Argentinien Antisemitismus gäbe«, meinte Perón in der Einweihung des Gebäudes. Und Evita fügte ein paar Tage später hinzu:

> Die Verursacher des Antisemitismus waren die Regierenden, die das Volk mit falschen Theorien vergiftet haben, bis mit der Ankunft Peróns die Stunde der Gleichheit gekommen ist.

Auch wenn diese Parolen vielleicht nicht unbedingt stimmen, würde kein Nazi jemals so sprechen, geschweige denn eine jüdische Organisation gründen – auch wenn sie offensichtlich nur ein (wohlgemerkt erfolgloser) Versuch sein soll, die jüdische Gemeinde zu dominieren, gemäß einer schon mit den Gewerkschaften erfolgreich durchgesetzten Strategie der Unterwanderung.

Peróns Regierung war die erste in Lateinamerika, die eine Botschaft in Israel eröffnete und die mit dem Land ein wirtschaftliches Abkommen unterschrieb. Es ist vor allem Evita, die immer noch gerne als Naziagentin gilt – Alexandria Ocasio-Cortez wurde von Präsident Donald Trump mit ihr verglichen. Die amerikanische Abgeordnete deutete den Vergleich als schmeichelhaft um, denn es war Evita, die die guten Beziehungen zur jüdischen Gemeinschaft und gegenüber Israel vorantrieb. Manche meinen, weil ihre vorpolitische Karriere als Schauspielerin von einem Sender gefördert worden war, der in den Händen des jüdischen Medienmagnaten Jaime Yankelevich lag.

Na ja. Wenn man auch diese andere Seite ins Kalkül zieht, hat der immer ambivalente Perón sein Image als Nazianhänger viel der amerikanischen Propaganda zu verdanken, und man darf in diesem Zusammenhang nicht vergessen, dass seine Partei, die wie jede große Partei ihren progressiven und ihren konservativen Flügel hatte, als *Bewegung* gedacht war.

Bis heute ist alles, was rund um Perón geschrieben und gesagt wird und wurde, politisch brisant.

Wie der Geschichtsschreiber Ignacio Klich richtig andeutet, nehmen sich die Argentinier einfach zu wichtig bei diesem Thema. Man will sich irgendwie als Teil der großen Geschichte fühlen, und sei es der dunkelsten. Der argentinische Schriftsteller und Philosoph José Pablo Feinmann hat diese Tatsache in seinem Roman *La sombra de Heidegger* (*Heideggers Schatten*) auf den Punkt gebracht. Darin lässt er einen nationalistischen Zeitgenossen von

Perón Ende 1944 sagen, dass die »dritte Position« des Generals die wahre Realisierung von Hitlers politischen Zielen darstellt: »Perón ist kein Nazi. Hitler war Peronist.«

Ist das die endgültige Antwort auf die Frage, ob Perón ein Nazi war oder nicht? Natürlich nicht. Es ist komplizierter, denn Perón lebt im Peronismus fort, der nach seinem Tod immer wieder mit verschiedenen und sogar entgegengesetzten politischen Richtungen an die Macht kam: 1989 bis 1991, 2003 bis 2015 und 2019 bis 2023. Als Argentinier kann man das Thema nicht objektiv beurteilen, denn man positioniert sich automatisch als Peronist oder Antiperonist (von links und von rechts). Es gibt keine Grauzone, alles spitzt sich zu, ganze Familien zersplittern an dieser politischen Wasserscheide. Über Politik zu sprechen heißt in diesem Fall, Politik zu betreiben, und zwar in der Gegenwart.

Da ich bei diesem Thema wenig dogmatisch bin, hängt meine Reaktion von der Person und dem Umfeld ab, in dem ich meine Meinung äußere. Ähnlich geht es mir übrigens bei Israel und Palästina. Bin ich unter Gleichgesinnten oder guten Bekannten, dann kann ich Israel kritisieren; höre ich bei meinem Gegenüber aber nur die leiseste Spur von Antisemitismus, dann bin ich ein Kämpfer für den Judenstaat. Perón war ein Faschist, ich hätte unter ihm vielleicht nicht gern gelebt, ich würde auch nie seiner Partei beitreten (aber übrigens auch keiner anderen). Ich kann aber mit diesen Widersprüchen leben, wenn der Peronismus mir als Wähler die bessere Regierungsoption anbietet.

17 SZENEN EINER KOLLEKTIVITÄT

Aber zurück zu den deutschen Immigranten. Wegen der Einschränkungen der jüdischen Einwanderung – die wohlgemerkt in ganz Südamerika an der Tagesordnung war – war die Ankunft der Jüdinnen und Juden, die keine »llamada«, d. h. keinen Ruf eines Verwandten vorweisen konnten, ziemlich abenteuerlich. In den unveröffentlichten Memoiren von Rolf Brodtmann erzählt er von der Fahrt seines Vaters Karl über Bolivien mittels einer Organisation, die Leute über die Grenze brachte, natürlich gegen Bezahlung – 100 Dollar, was heute etwa 2000 Dollar entspräche, wenn man die Inflationsrate anpasst.

> Die Methode war, dass die Leute in ein Schlafwagenabteil des Zuges nach Argentinien eingeschlossen wurden, und der Schaffner an der Grenze angab, dass dieses Abteil leer und deshalb verschlossen wäre … Aber ausgerechnet bei meinem Vater platzte das Unternehmen, weil es angeblich jemand verraten hatte.

Ein zweiter Versuch mit derselben Methode, für den er sich wieder das Geld verdienen musste, scheiterte ebenfalls. Also verzichtete er auf den Zug – ich frage mich, wie viel es ihn wohl emotional gekostet hat, sich damals als Jude in einen Zug einschließen zu lassen? – und ging zu einem kleinen Grenzübergang. Dort bestach er einen jungen bolivianischen Polizeibeamten, der ihm bei der Überquerung zu Fuß helfen sollte.

> Mein Vater ließ sich also einen Schnurrbart wachsen, zog sich Kleidung an, die nicht zu deutsch aussah, und band sich einen Schal um den Kopf, als hätte er Zahnschmerzen. Das sollte dazu dienen, sein ganz und gar nicht bolivianisch aussehendes Gesicht etwas zu verdecken, und gleichzeitig erklären, warum er nicht sprechen konnte.

Zusammen mit seinem »Neffen« (dem Polizisten) fuhren sie »auf der Ladefläche eines Lastwagens, wo sie sich an den Seilen, welche die Ladung sicherten, die ganze Zeit festhalten mussten, um in der kurvenreichen Passstraße nicht hinunter geschleudert zu werden«.

Doch so schwer man den Juden die Einreise auch machte: Argentinien war (nach Palästina) das Land, das weltweit die meisten Juden pro Einwohner aufnahm. Nach der Immigration gingen die Behörden mit den Illegalen kulant um, bis hin zur allgemeinen Amnestie. Willkommen auf der Sonnenseite des laxen Umgangs mit den eigenen Gesetzen.

Natürlich endete damit nicht die Angst und die Gefahr, weiter verfolgt zu werden. In ihrer Autobiografie *Eine Nacht, ein Leben* (auf Deutsch in Buenos Aires 1945 gedruckt) beschreibt Doris Dauber die einschüchternden Methoden, die man gegen Einwanderer anwandte:

> Eines Tages bekomme ich einen Brief, adressiert an den Decknamen, unter dem ich mit Mutter korrespondiere, in dem ein mir unbekannter Dr. H. aus der Calle Perú mir mitteilt, er habe Nachrichten von Mutter für mich.
> Mir ist etwas unheimlich zu Mute. Ich besehe mir das Haus in der Perú von allen Seiten. Es ist eine Abteilung eines argentinischen Ministeriums. Das scheint ungefährlich. Ich gehe also hinein und frage nach Dr. H. Sofort werde ich in sein Zimmer geführt. Anscheinend ist er hier höherer Angestellter.
> Ich habe mich mit dem Decknamen melden lassen. Er schnauzt mich gleich im preußischen Beamtenton an: »Sie sind Doris Dauber?«
> Ich kann es nicht leugnen. Er macht sich eine Notiz. »Wo wohnen Sie?«
> Ich gebe eine Straße und Nummer an, die ganz entgegengesetzt von meiner wirklichen Wohnung liegen. »Ihre Tante heißt Käthe Tetzel?«
> Ich bestätige das, obgleich ich nie im Leben von einer Käthe Tetzel gehört habe.
> »Sie haben im Frühjahr 1933 Deutschland verlassen. Aus welchem Grunde?«
> »Aus einem rein privaten. Jetzt möchte ich aber zwei Fragen an Sie stellen. Erstens: welche Nachrichten haben Sie für mich von meiner Mutter!«

»Warten Sie. Ach ja, richtig. Den Brief habe ich zuhause liegen gelassen. Es war auch nichts Wichtiges, das mir meine Schwester schrieb. Ihre zweite Frage?«

»Warum stellen Sie all diese Fragen und machen sich über meine Antworten Notizen?«

»Meine Freunde interessieren sich für Sie. Ich habe noch einige Fragen zu stellen.«

»Die ich nicht zu beantworten gedenke. Damit sehe ich unsere Unterredung für beendet an. Guten Tag.«

»Auf Wiedersehen. Sie werden von uns hören.«

Ich habe nichts wieder von ihm gehört.

Angst, wenn man aus Deutschland kam, brauchte keinen weiteren Ansporn, um jederzeit präsent zu sein. Dazu gibt es im unveröffentlichten Buch von Brodtmann eine Anekdote: Brodtmann traf in der öffentlichen Schule *Casto Munita* den einzigen anderen deutschsprachigen Schüler, einen gewissen Ernesto Kleber, mit dem er sich später anfreundete.

Bezeichnend für unsere damalige Situation ist unsere erste Unterhaltung, die ich deshalb nicht vergessen habe. Ich fragte ihn nämlich, ob er Jude sei, was er verneinte, und ich sagte prompt: ich auch nicht. Wir haben also beide ohne Not gelogen, eine Folge unserer Erfahrungen in Deutschland, die immer noch frisch waren.

Zufälligerweise ging zur selben Schule Liesl Stern, die schon erwähnte und vor Kurzem gestorbene Schwester der Schwägerin meiner Großmutter väterlicherseits. Oder gar nicht zufällig, denn die Casto Munita lag mitten in Belgrano, dem traditionellen *barrio* der Deutschen in Buenos Aires, das sich erst später zu einer Art *Washington Heights* in New York oder *Hampstead* in London entwickeln würde, also zu einem jüdisch (jeckisch) geprägten Viertel. Liesl meinte, die Schule sei voll von deutschsprachigen Schülern gewesen, was ziemlich wahrscheinlich klingt. Vielleicht wollten die Jeckes sogar das verheimlichen, oder sie sprachen deshalb nie Deutsch, sondern immer nur Spanisch, um nicht zu weit hinter ihren Klassenkameraden wegen ihrer Sprachmängel zurückzufallen. Genau dieser Sprachmangel war das Problem der damals Zehnjährigen, die deswegen in einer anderen Schule ihr Glück versuchen musste. Dort gab sie an, noch nie in Argentinien eingeschult worden zu sein. So schaffte sie den Sprung von der zweiten Klasse, wo sie wegen ihrer fehlenden Spanischkenntnisse in der ersten Schule eingestuft worden war, in die fünfte Klasse, in der Mitschüler ihres Alters saßen. Allerdings machte sie den Fehler, ihre Strategie vorher einer Freundin zu verraten, die auch ein zu großes Mundwerk hatte: Die Sache kam bis zur Schulleitung und die kleine Liesl wurde zur Vizedirektorin bestellt, die offenbar einen Teil ihrer Lebensweisheiten bei diesem Vorfall bestätigt sah: »Ihr Juden seid alle Lügner.« Was die Vizedirektorin offensichtlich nicht wusste: Auch die Verräterin, die die Wahrheit nicht zu verheimlichen gewusst hatte, war Jüdin und kam aus Deutschland.

Dass diese kleine, aber umso traumatischere Erfahrung keine einmalige gewesen sein dürfte, kann man einer anderen Anekdote entnehmen, die im Buch von Schwarcz über Jeckes in Argentinien erzählt wird. Die Informant:in hätte rückblickend lieber die Pestalozzi-Schule besucht, musste aber zur staatlichen Nacional Buenos Aires:

> Ich erinnere mich an einen Geschichtslehrer, der, als er das erste Mal in die Klasse kam, die jüdischen Kinder aufstehen ließ – wir waren zu dritt. Als ich dies meinem Vater erzählte, sagte er mir, dass ich mich bei diesem Lehrer besonders anstrengen sollte, so wie er es in Deutschland getan hatte, dort musste er viel mehr als seine Schulkameraden lernen, um dieselben Noten zu bekommen, weil er Jude war.

Antisemitische Vorurteile und Zwischenfälle haben die Leute, mit denen ich über das Thema gesprochen habe, eher mit Argentiniern als innerhalb der deutschen Kollektivität erlebt.

Allerdings gibt es auch immer wieder den Fall, dass man Antisemitismus gar nicht als solchen wahrnimmt. Einer der Söhne von Liesl, Mario Stern, hat auf meine Fragen nach antisemitischen Vorfällen in seiner Jugend mit einer kategorischen Verneinung geantwortet, sich aber im Verlauf des Gesprächs daran erinnert, wie er als Kind von einem deutschen Freund zum Rudern eingeladen worden war. »Im Klub Teutonia? Vergiss es«, hatte seine Mutter zu ihm gesagt. Bis dahin hatte er nicht mal gewusst, dass er Jude war, wieso sollte diese Tatsache ihm also den Spaß verderben? »Ich habe ihm erklärt, dass die Juden Jesus ermordet hätten, wie sollte er sonst den Hass verstehen?«, erzählte mir Liesl. Doch ihr Kind hat es trotzdem nicht verstehen wollen und einen Brief an die Teutonia geschrieben, der natürlich ohne Antwort blieb. Es folgten ein zweiter und sogar ein dritter Brief, dann gab er endlich auf. Aber dass er dort nicht reindurfte – oder besser gesagt: dass man es als Jude besser nicht mal versuchte –, hat der jetzt Erwachsene nicht als Antisemitismus aufgefasst, zumindest als nicht der Rede wert.

Konnte man oder konnte man nicht als Jude dem Klub Teutonia beitreten? Meine Informanten haben dazu eine klare Meinung. Auch Ronald Newton, Autor von mehreren Büchern und Artikeln über Deutsche in Argentinien, meint, der Klub habe ab 1933 seine Statuten nicht ändern müssen, denn der Zutritt war für Juden von Anfang an untersagt. Deswegen wurde ja auch der Klub Hacoaj ins Leben gerufen, wie man in der *Geschichte der jüdischen Gemeinschaft Argentiniens* (2006) von Enrique Herszkowich lesen kann. Holger Meding allerdings meint, dass es im Klub Teutonia »keinerlei Schranken bei der Aufnahme« gegeben habe, weswegen auch so viele Deutsche nach dem Krieg beitreten konnten. Er stützt sich dabei auf eine Aussage von einem deutsch-argentinischen Unternehmer namens Antonio Adler. Also keine Schranken für Nazis oder was?

Um die Zweifel zu zerstreuen, bat ich bei Teutonia um ein Gespräch und wurde mit einem ehemaligen Vorstandsvorsitzenden in Kontakt gebracht, der mir am Telefon seine sehr spannende Einwanderungsgeschichte erzählte. Doch als ich auf das Thema Juden zu sprechen kam, überfiel den Mann eine seltsame Nervosität, auch wenn er nach dem Krieg geboren war und somit keinerlei Verantwortung für die Statuten des Klubs trug. Er meinte, es sei völlig unzutreffend, dass Juden keinen Zutritt hätten, sonst hätte Hacoaj nicht den Brief unterzeichnet, den alle Ruderklubs damals an Perón geschickt hatten, damit Teutonia wieder eröffnet würde. Darüber hinaus, auch wenn er über solche Sachen nicht gern rede, wäre einer der Vorstandsvorsitzenden des Klubs selbst Jude. In seinem Eifer wollte er mich auch noch überreden, dass es Antisemitismus nicht mal in Deutschland gegeben hätte, denn Hitler hatte einen Juden in seinem Kabinett, nämlich Alfred Rosenberg – eine mehrfach widerlegte Theorie, die sowieso nichts besagen würde. »Man sagt, die Geschichte werde von den Gewinnern geschrieben, aber das stimmt nicht immer«, fügte er hinzu. Weder der Kontakt zum jüdischen Vorstandsvorsitzenden noch eine Kopie des von Hacoaj unterzeichneten Briefs wurde mir, trotz nachträglichen Gesuchs per E-Mail, übermittelt. Jetzt frage ich mich, wozu diese Zeugnisse überhaupt nützlich wären und ob man mit solchen Vorstandsvorsitzenden einem Jecke den Zutrittsversuch im Teutonia überhaupt zumuten darf.

Oder bin ich einfach zu sensibel? Auch im Buch

von Schwarcz gibt es diese merkwürdige Feststellung hinsichtlich des Antisemitismus. Nicht nur wird das Deutschtum nur mit guten Eigenschaften gleichgesetzt, sondern es scheint, als habe Antisemitismus innerhalb der Gemeinde nie eine Rolle gespielt. Außer in der Schulanekdote wird das Thema auf den mehr als 300 Seiten – für die 80 InformantInnen befragt und 357 Fragebogen ausgefüllt wurden – kaum behandelt. Die Leute, die sich an den »guten alten Risches« und den »bekoweter Antisemit« ihrer Heimatländer erinnern – also an den begrenzten Judenhass und die netten Judenhasser –, meinen zu 80 %, gar keine antisemitischen Erfahrungen hier in Argentinien gemacht zu haben, während der Rest nur leichte Diskriminierungen erleben musste. Eine Unterscheidung zwischen innerhalb oder außerhalb der deutschen Kollektivität wird nicht vollzogen. Schwarcz scheint sowieso davon auszugehen, dass das Problem nur außerhalb bestand: Für die Tatsache, dass mit den Migrantenkindern die Quote der Zwischenfälle um fast 50 % steigt, bietet er »deren stärkere Integration in die argentinische Gesellschaft« als Erklärung an.

Gab es tatsächlich keine Diskriminierung unter Deutschen, und nur meine Familie hatte Pech mit ihren Nachbarn oder bei der Jobsuche? Mein Großonkel Heinz »Juan« Jacoby erzählt in seinem autobiografischen Buch *Expulsados* (*Vertrieben*) von 1996, wie sein Alter Ego bei seiner ersten Jobsuche 1940, als er frisch angekommen war, diskriminiert wurde. Da er im *Argentinischen Tageblatt* keine Stellenangebote fand, borgte er sich »eine andere deutschsprachige Zeitung« – die *Deutsche La Plata Zeitung,* in der wegen des Anzeigenboykotts gegen das *Argentinische Tageblatt* die Stellenangebote deutscher Firmen erschienen, darunter auch von jüdischen Besitzern –, wo er doch fündig wurde. In dem auf Deutsch geführten Vorstellungsgespräch fragte ihn der Personalchef Wurm (*nomen est omen*), ob er sich in der Stadt auskenne, und als er dies verneinte, erwiderte man ihm, er solle sich keine Sorgen machen, man werde ihm alles beibringen, denn man brauche dringend Deutsch sprechenden Nachwuchs. »Wie heißen Sie eigentlich?«, wollte der Personalchef wissen. Da sagte mein Großonkel ihm seinen jüdischen Nachnamen.

> Eine eisige Stille trat ein. Man hörte nun das ferne Summen des Aufzugs. Der bisher freundliche Wurm änderte seinen Ton und fragte, wie lange Kleinmann [eigentlich Jacoby] schon in Argentinien sei. »Seit zehn Tagen«, stotterte Walter [Hans], denn er hatte die Veränderung sofort bemerkt. Frostig zischte Wurm die letzte Frage und gab sich selbst die Antwort: »Ach, dann bist du Jude? Wir stellen keine Juden ein.«

Das war grundsätzlich die Devise während des Nationalsozialismus, zum Nachteil auch der deutschen Angestellten, die für die sogenannte »Winterhilfe« durch die lokale Vertretung der Deutschen Arbeitsfront einen Teil ihres Lohns abgeben mussten, und zum Nachteil sogar der deutschen Firmen selbst, die gutes Personal und viel

Geld wegen des Gebots, nicht nur keine Juden einzustellen, sondern die schon eingestellten zu entlassen, verloren haben. Dem Geschäftsführer der Deutschen Überseeischen Bank, Leopoldo Lewin, wurde z. B. gekündigt, er war aber so unentbehrlich, dass er später als Berater wieder angeheuert werden musste. Nach dem Krieg änderte sich die Situation radikal und eine Textilfabrik wie Sedalana ernannte einen Jecke, der schon die argentinische Staatsbürgerschaft hatte, als Direktor, um der Enteignung zu entgehen.

Dasselbe gilt für die Situation innerhalb der Firmen. Ich habe den Verwandten von mir, Bruder des Ehemannes meiner Tante Ruth, der bei Mercedes gearbeitet hat, gefragt, wie es war, als Jecke, auch wenn er getauft war, bei Mercedes zu arbeiten, also einer Firma, die sogar Eichmann eingestellt hatte, und er meinte, das sei kein Problem gewesen. »Man lief ja nicht mit der israelischen Flagge herum, man suchte nicht die Provokation, und ich würde sogar sagen, dass man als Jude einen gewissen Vorteil hatte, man wurde mit Bedacht behandelt.«

Dasselbe habe ich von Liesl Stern gehört, deren Mann beim Großkonzern Bunge & Born das Büro mit einem ehemaligen Ustascha-Mitglied teilen musste. »Es war er und nicht mein Mann, der sich in Acht nehmen musste, denn in der Firma arbeiteten viele Juden. Wir haben ihn sogar einmal zum Essen eingeladen.« Gleichzeitig aber durfte Liesls Ehemann nur im Deutschen Klub essen, wenn er wegen Geschäftlichem eingeladen wurde, sonst war er als Jecke um diese Zeit eher unerwünscht.

Ich weiß nicht, ob man von einer Deutschen-Diskriminierung sprechen darf, aber die gab es natürlich auch. Wolfgang Langbehn, Sohn von Carl Langbehn, der in das Hitler-Attentat von 1944 verwickelt war und deswegen von seinen ehemaligen Kameraden gefoltert und getötet wurde, und Enkel mütterlicherseits von einem der Gründer des Deutschen Krankenhauses in Buenos Aires, wurde nach seiner Ankunft in die Pestalozzi-Schule eingeschult und hat mir erzählt, dass er sich im Haus eines Schulkameraden die Schimpftirade des Vaters gegen alle Deutschen anhören musste, als ob er die Schuld am gesamten Holocaust trüge. Seine Schwester wurde hingegen an einem Abend von ehemaligen deutschen Luftwaffenpiloten als Verräterin behandelt.

Etwas Ähnliches musste der deutsche Vater der argentinischen Schriftstellerin und Ärztin Mónica Müller im nazifreundlichen Konzern Orbis erleben. Er wurde als Kriegsdienstverweigerer diskriminiert, wie seine Tochter in ihrer fabelhaften Biografie *Mi papá alemán. Una vida argentina* (*Mein deutscher Vater. Ein argentinisches Leben*) erzählt.

Meine eigenen Eltern haben manche bösen Kommentare von Familienmitgliedern abbekommen, weil sie ihre Kinder zu deutsch erzogen, was trotz Beschneidung, Bar-Mizwa und Fasten am Jom Kippur (oh, wie ich das hasste!) absolut wahr ist. Diese antideutsche Einstellung eines Vetters meines Vaters, der später auch konsequenterweise nach Israel auswanderte, hat innerhalb des argentinischen Jecketums lange Tradition. Schon 1942 schrieb ein Kurt Lebermann in seiner Abhandlung über die »Evolution des deutschen Judentums seit Beginn des Jahrhunderts«, die in der Festschrift zum zehnten Jubiläum (1933–1943) der *Asociación Filantrópica Israelita* veröffentlicht wurde, folgende Mahnungen:

> Es unterliegt keinem Zweifel, dass wir [deutsche Juden] deutsch bedingt waren, und auch heute noch »deutsch« belastet sind. Nicht nur durch unsere Muttersprache, sondern durch unser Fühlen, unser Denken, unsere Entwicklung. Was aber deutsch an uns ist, muss der Vergangenheit angehören, so wie alles, was an deutscher Kultur achtenswert ist, der Vergangenheit angehört, die längst hinter uns liegt, also bereits Historie geworden ist. Was wir als Beziehung zu Deutschland in die Gegenwart bringen, kann und darf nichts anderes sein als Hass, unauslöschbar, nie vergehender Hass von uns deutschen Juden gegen ein Volk, das fähig war – selbst wenn dies ein vorübergehender Zustand ist, was wir als ziemlich sicher annehmen können –, zu einer tierhaften Verbrechergemeinschaft zusammenzuwachsen, das die niedrigsten menschlichen Instinkte entwickelte und sie als Heldentaten feierte, die einen Sadismus erfand, Menschen zu martern, der für normale Menschen unverständlich ist und bleibt, die alle Kräfte an den Wehrlosen und Schwachen austobte – darunter vor allem an uns Juden. Nur ein Gedanke kann uns beseelen: der der völligen Entmachtung dieses Vol-

kes, der des Verschwindens dieser deutschen Generation, damit nie mehr ein solches Verbrechen sich wiederhole … Es kann heute und in Zukunft unter uns deutschen Juden keinen anständigen Menschen geben, der jemals an die Rückkehr in dieses Land von Mördern denkt.

18

EINE GESCHICHTE AUS ZWEI STÄDTEN

Das Bild der zwei Dörfer innerhalb der deutschen Kollektivität in Buenos Aires stammt von dem deutschen Journalisten und Autor Balder Olden. In einem 1941 veröffentlichten Artikel in der amerikanisch-jüdischen Zeitung *Aufbau* berichtet Olden, der als Theaterkritiker für das *Argentinische Tageblatt* schrieb, wie eine Frau ihren Job verlor, weil sie mit ihm ins falsche Theater ging, nämlich in die antinationalsozialistische Freie Deutsche Bühne vom Jecke Walter Jacob – die ganz gezielt 1940 an Hitlers Geburtstag eingeweiht wurde –, statt ins gleichgeschaltete, von Goebbels' Ministerium finanzierte Deutsche Theater, auch wenn beide Theater Goethe und Schiller inszenierten. Deshalb spricht Olden von einer »geteilten Stadt«:

> Man lebt hier wie einst in Prag, ein deutsches Dorf in einer anderssprachigen Stadt. Eigentlich sind es zwei Dörfer, das republikanische und das nationalistische ... Wir haben nämlich ein Theater, die andern haben eins, wir haben jeder eine Zeitung, jeder eine

Schule, Vereine, Vorträge – in einem Wort: deutsche Welt und deutsche Unwelt.
Aber die Trennung ist so absolut, dass man in dem einen Dorf vergessen kann, dass das andere existiert.

In seinem Buch *Deutsche Spuren in Argentinien* (2010) besteht der ehemalige deutsche Konsul und Kulturattaché Bernd Wulffen auf dieser Idee:

> Es war eine Polarisierung, die man auch in den 1970er-Jahren, als ich in Buenos Aires war, noch deutlich spürte, die aber heute weitgehend verschwunden ist. Aber in den 1930er-Jahren gab es einen national-konservativen Flügel und einen liberal-progressiven. Darüber hinaus entwickelten sich auch deutsch-jüdische Gruppen. Deutsche Vereine, andere kulturelle Institutionen und Schulen waren streng getrennt. Es gab keine Berührungspunkte.

In seinem neuen Buch zum Thema, *Fluchtpunkt Rio de la Plata* (2019), gibt Wulffen ein Beispiel aus nächster Nähe:

> Noch in den Siebzigerjahren hütete sich die Deutsche Botschaft sorgsam, Vertreter der beiden Lager zusammen zu einer Veranstaltung einzuladen. Sogar zum »Verein deutscher Ingenieure« fanden nur sehr wenige eingewanderte jüdische Ingenieure Zugang. Die meisten fürchteten, dort auf Nazis zu stoßen, die sie verachteten.

Auch der deutsche Journalist Georg Ismar meint in seiner Studie über »Der Pressekrieg« zwischen dem *Argentinischen Tageblatt* und der *Deutschen La Plata Zeitung,* beide »spielten in diesem Prozess insofern eine entscheidende Rolle, weil sie die Spaltungstendenzen durch Kommentare und polarisierende Berichte manifestierten und das entsprechende publizistische Gehör verschafften«.

Das prägnante Bild der zwei Dörfer hat also was für sich. Tatsächlich gab es alles mindestens doppelt, was z. B. in Montevideo (Uruguay) nicht der Fall war. Die Juden hatten sogar ihre eigene Stelle zum Ausruhen am Fluss, fantasievoll *Judenwiese* genannt. Wenn man die beiden deutschen Zeitungen am Freitagabend aufschlug, um sich über Veranstaltungen zu informieren, so wurde man auf verschiedene Konzerte und Tanzfeste und Veranstaltungen geschickt, als handelte es sich in der Tat um zwei verschiedene Buenos Aires.

Die Metapher soll trotzdem korrigiert werden. Wie der argentinische Historiker Germán Friedmann betont, berührten sich die Einwohner der beiden Dörfer sehr wohl. Olden selbst bemerkt gleich nach dem letzten Satz, der immer zitiert wird (»die Trennung ist so absolut, dass man in dem einen Dorf vergessen kann, dass das andere existiert«): »Ich wenigstens konnte es bisher«, was die Sache sehr relativiert. Selbst Wulffen, der der Theorie zustimmt, erzählt von einem Paul »Pablo« Redl, der 1938 aus Wien nach Argentinien auswandern musste und der sich hier eine eigene Werkstatt aufbaute, »übrigens auch mithilfe früherer Matrosen der ›Graf Spee‹«.

Es gibt aber auch die gegenteilige Meinung, dass sich Jeckes und Deutsche gut verstanden hätten. Die krasseste Anekdote in dieser Hinsicht hat mir Gerd Heidemann, der Journalist des *Stern*, der die (falschen) Hitler-Tagebücher entdeckte, persönlich erzählt. In einem Interview, das ich 2003 mit ihm in seiner Wohnung in Hamburg für die Zeitung *Página 12* führte, erzählte er mir von seiner Reise nach Südamerika auf der Suche nach Klaus Barbie und anderen Naziverbrechern. Begleitet vom ehemaligen SS-Mann Sepp Vötterl besuchte er Ende der Siebzigerjahre Córdoba. Es gab irgendein Straßenfest in der Stadt und sie gingen in ein Lokal, wo sich einige Jeckes versammelt hatten, auch wenn die Jeckes eigentlich in La Cumbrecita, 40 km weiter westlich, ihr eigenes Dorf in den Bergen hatten – wo auch meine Familie selbstverständlich manche Sommer verbracht hat.

> »Sieh da«, sagte mir Vötterl, »auch der ist einer der Vergasten.« Und indem er sich an ihn wandte: »Wie viel Rente bekommst du aus Deutschland?« »1820 Mark«, war die Antwort, wenn ich mich nicht irre. Und Vötterl: »Siehst du? Alle Vergasten leben jetzt hier. In Buenos Aires gibt es 350000. Und alle bekommen ihre Rente aus Deutschland. Also Prost!« Und der Jude erwidert ihm: »Prost, du Nazischwein!« Und sie tranken wie beste Freunde.

Über die Anekdoten hinaus ignoriert die Zwei-Dörfer-Theorie die Tatsache, dass sich zumindest in Sachen Musik alle Deutschen einig waren und, solange ihr jeweiliges Budget reichte, sich im Teatro Colón trafen. Nicht von ungefähr hebt die *Geschichte des Deutschtums in Argentinien* zwei musikalische Institutionen aus der Nachkriegszeit hervor, »die aus dem künstlerischen Leben der Hauptstadt nicht mehr wegzudenken sind«, nämlich das »Collegium Musicum« und die Organisation »Amigos de la música« (»Freunde der Musik«), beide von jüdischen Einwanderern ins Leben gerufen.

Dasselbe gilt natürlich auch für den kulinarischen Bereich, d. h. für deutsche Bäckereien und Delikatessläden und das Bierchen in der *Confitería Munich* am Ufer des Río de la Plata.

Die scharfe Trennung zwischen Jeckes und Deutschen hat natürlich einen Vorteil: Sie macht die Spannungen und Trennungen *innerhalb* der jeweiligen Dörfer unsichtbar. Denn natürlich gab es Diskussionen, ob z. B. ein Theater eher politisch (d. h. sozialistisch) oder eher jüdisch sein soll. Und wie das in einem Dorf so ist: Das wurde alles genüsslich weitergetragen und dabei kräftig übertrieben.

Innerhalb des nationalsozialistischen Dorfes gab es wiederum auch Unstimmigkeiten, zum Beispiel mit der Untergruppe der Deutschrussen. In einer Abhandlung über »Argentinien in der deutschen Literatur«, verfasst von Wilhelm Keiper im Jahr 1941, also ganz unter der Ägide des Nationalsozialismus, heißt es, die Russlanddeutschen

»haben wohl bisher ihre altererbte deutsche Sprache und Art treu bewahrt, aber sie befinden sich noch in einem so unfertigen Zustand dumpfer Unbildung«, dass sie »für eine Mitarbeit an den deutschen Belangen vorerst nicht in Frage kommen«. Wenig später wurden sie immerhin von den Nazis stark umworben, was zu einer gewissen Verbesserung ihrer Stellung innerhalb des Deutschtum führte, während die Jeckes aus der Volksgemeinschaft vertrieben wurden. Doch auch innerhalb dieser Gruppe gab es Leute, die gegen die extremistischen Positionen der Nazis waren, vor allem was die Diskriminierung der Juden betraf.

Dasselbe gilt für die »Schwarze Front«, die Gruppierung »guter« Nazis, die sich als nicht antisemitisch gerierte, gegen die nichtsdestotrotz Widerstand innerhalb des republikanischen Dorfes geleistet wurde. Der lokale Zweig des »Reichsbanner-Verbandes« plädierte für eine Zusammenarbeit mit der »Schwarzen Front«, aber »Das Andere Deutschland« war nicht bereit, mit ehemaligen Hitler-Genossen zu paktieren, und am Ende gingen beide Organisationen verschiedene Wege.

Es gibt einen haarsträubenden Satz, den der Historiker Ronald Newton dem ersten Präsidenten des Hilfsvereins Deutschsprechender Juden, Alberto Klein, entnommen hat: »Diejenigen, die es bis Argentinien geschafft haben, waren die, die Kapital, Talent und Initiative hatten. Es war ein Prozess der natürlichen Selektion. Wir haben die Besten gekriegt.«

Merkwürdigerweise – oder vielmehr bezeichnenderweise – kann man das Gleiche bei Wilfred von Oven für den anderen Teil des Dorfs lesen:

> Der beste Freund, den ich unter meinen Redakteuren gewann, starb erst kürzlich an den Folgen einer Kriegsverwundung ... Mir wurde besonders sympathisch, daß er der einzige ehemalige Soldat der deutschen Luftwaffe in Argentinien war, der von vornherein ganz offen zugab, es im Krieg nie zu mehr als nur bis zum Feldwebel mit Kriegsverdienstkreuz gebracht zu haben (»noch dazu beim Bodenpersonal«, wie er bescheiden hinzuzufügen pflegte). Alle anderen wollten mindestens Major und Ritterkreuzträger gewesen sein, denen leider ihre Militärpapiere abhandengekommen seien. Sie waren es, die unter den deutschen Neueinwanderern einen viel belachten Witz entstehen und zirkulieren ließen: Zwei Hunde treffen sich auf einer Straße von Buenos Aires, der eine war stattlich und argentinisch, der andere mickrig und deutsch. Nachdem sie sich gehörig beschnuppert haben, sagt der Große: »Wo kommst du denn her?« »Aus Deutschland«, antwortet das jämmerliche Hündchen. »Aber drüben war ich Bernhardiner.«

Heute gibt es eine Gemeinsamkeit, die das Zusammenleben aller Deutschen kennzeichnet: das sogenannte »Belgrano-Deutsch«, bei dem neben anderen Verhunzungen manchen spanischen Wörtern eine deutsche Endung verpasst wird und diese Wörter dann benutzt werden, als wären sie gängige Latinismen. Diese sprachlichen Eigenheiten waren innerhalb der Kollektivität so populär, dass ich, als ich in Deutschland studierte, Latinismen immer mit einem gewissen Vorbehalt benutzt habe, aus Angst, es könnte meine Belgrano-Deutsch-Wurzeln verraten. Ein Freund von mir aus dem anderen Teil des Dorfes meinte sogar, erst in Deutschland habe er gemerkt, wie Belgrano-geprägt, also wie schlecht das Deutsch war, das er von zu Hause mitgebracht hatte.

Heute, fast ein Jahrhundert später, und wie gerade angedeutet, ist das Dorf einigermaßen vereint. Doch die Unterschiede sind immer noch, trotz aller Entschärfung, deutlich zu erkennen. Und auch wenn mögliche Ressentiments weitgehend nachgelassen haben, vor allem unter jungen Leuten, können sie immer noch aufbrechen. Das hängt von sehr unterschiedlichen Faktoren ab: Erziehung, mehr oder weniger schlimme Erfahrungen, Wissen um die eigene Familiengeschichte, politische Haltung etc. Keiner, davon kann man sicher ausgehen, ist dabei frei von Vorurteilen. Vor allem auf der Seite der Opfer, bei denen sich diese Vorurteile, anders als bei den Tätern, auch auf Urteile und sogar Gerichtsurteile stützen.

Doch die Spaltung, die Hitler natürlich nicht entdeckt, aber doch ausgenutzt und vielleicht für immer in die deutsche Gesellschaft gebrandmarkt hat, kann auch verbinden. Sobald sich ein Jecke und ein Deutscher mit Nazihintergrund (wie neulich die Nachkommen der Tätergeneration so böse wie präzise definiert wurden) treffen, entsteht eine Spannung, die nicht unbedingt negativ sein muss. Zumindest ich empfinde eine solche Bekanntschaft als umso interessanter, je mehr wir ahnen oder wissen, dass unsere Großeltern sich nicht vertragen hätten. Denn wir, als dritte Generation, haben eine gesellschaftliche Aufgabe, die aus einer Mischung aus Versöhnung und Wachsamkeit besteht.

Gleichzeitig hat die jüdische Kulanz, die man bei manchen Jeckes, wie gesagt, gar nicht findet, geschweige denn bei nicht deutschen Juden, auch seine Grenzen. Wie unversöhnlich auch ich sein kann, konnte ich beim Schreiben dieses Buches und vor allem meines Romans über Adolf Eichmann feststellen.

»Was würden Sie Eichmann sagen, wenn Sie mit ihm unter vier Augen sprechen könnten?«, fragte mich ein Geschichtsstudent nach einer Lesung in Osnabrück.

»Ich würde einfach losschlagen, bis er blutig zu meinen Füßen stirbt«, antwortete ich. »Ich habe Eichmann und seinesgleichen nichts zu sagen.«

Der Student erschrak. Ich auch. Ich musste ihm erklären, dass ich noch nie jemanden geschlagen hatte, auch wenn ich selbst geschlagen worden war (allerdings nicht von Nazis), und dass ich konfliktreichen Situationen, auch was allgemeine »Ausländerfeindlichkeit« betrifft, eher aus dem Weg gehe, indem ich mich ganz feige entferne, um dann ganz mutig darüber zu schreiben. Das Gefühl Nazis gegenüber aber bleibt. Nicht mal mit dem argentinischen Sohn von Eichmann, Ricardo, der an der Freien Universität Berlin lehrt und der der einzige seiner Söhne ist, der sich von seinem Vater distanziert hat, würde ich gern an einem Tisch sitzen. Ich bin deutsch, aber so hypersensibel gegenüber dem Nationalsozialismus und Antisemitismus erzogen worden, dass ich sie manchmal auch dort sehe, wo sie vielleicht nicht vorhanden sind, aber vorhanden sein könnten – und geschichtlich sogar sollten.

Der Fall Gil Ofarim in Dresden kann meine Einstellung, die ich sogar bei einigen nicht jüdischen Deutschen wiederfinde, »wiedergewonnene Deutsche«, wie ich sie böszärtlich nenne, vielleicht erläutern. Wie bekannt, hat der deutschjüdische Musiker eine antisemitische Handlung öffentlich gemacht, was hohe Wellen schlug, die noch höher wurden, als sich herausstellte, dass er womöglich gelogen hat und sich wegen Verleumdung vor Gericht verantworten muss. Das ist mein Wissensstand während des Verfassens dieses Buches, aber egal, wie der Prozess ausgeht: Ich kann Ofarims Reaktion – oder Aktion – wie vielleicht nur wenig andere nachempfinden. Vor diesem Zwischenfall hatte ich noch nie von ihm gehört, ich kenne seine Geschichte nicht, sein offensichtlicher Narzissmus ist mir nicht sympathisch und natürlich denke ich, dass es unglaublich doof, verwerflich und kontraproduktiv für die Aufarbeitung der Vergangenheit ist, wenn er tatsächlich gelogen hat und es in keinem Moment zu einer antisemitischen Beleidigung kam. Und dennoch verstehe ich ihn. Wäre ich Anwalt, würde ich gern seine generelle Wut vor Gericht darlegen. Selbst wenn er für eine mögliche Verleumdung bezahlen muss, da selbstverständlich dies nicht der richtige Weg ist, Probleme zu lösen, hat seine Familie, und wenn nicht sein Stamm, und wenn nicht alle heutigen und damaligen Davidsternträger in Deutschland so sehr unter Antisemitismus gelitten, dass diese vielleicht unwürdige Art von Rache menschlich nachvollziehbar ist.

Die Rachegedanken sitzen auch noch in der dritten Generation tief, selbst wenn man als Jude, vor allem in Deutschland, manchmal positiven Vorurteilen begegnet, da man automatisch von jedem Vorwurf des Nazihintergrunds befreit ist. Auch in Argentinien, aber vor allem in Deutschland, habe ich mich mehrmals dabei ertappt, wie sich in meinem Kopf die Idee einer ähnlichen Verleumdung bildete, wenn mir z. B. bürokratische Angelegenheiten auf die Nerven gingen. Diese Frustfantasien tatsächlich umzusetzen, deutet auf ein Problem, und trotzdem könnten sie wegen ihrer Ursache als nachvollziehbare Ausraster interpretiert werden.

Wie auch immer, die Spannungen bleiben also bestehen, wie übrigens in allen Dörfern, durch deren Mitte ein Fluss fließt. Und sei es nur, dass alle immer wieder betonen müssen, dass es keine Spannungen gibt. Als Jüdin oder Jude (deutsch oder nicht deutsch, praktizierend oder nicht) ist man immer auf der Lauer, woher der nächste Pogrom kommen könnte. Die allmähliche Entspannung, die die Zeit mit sich bringt, kann daran nichts ändern. Zwar ist Gras darüber gewachsen, wie man so schön sagt, aber wir alle wissen, wie schnell das Grüne verschwindet und das Braune hervorkommt, wenn die hölzernen Räder einer einzigen Karre den alten Weg wieder aufnehmen.

19

NACHTRÄGLICHE WIDMUNG

Am 29. Oktober 1940 hielt Stefan Zweig im Colegio Libre von Buenos Aires einen Vortrag. Mein Großvater war dabei und schrieb in sein Tagebuch:

> Sodann stellte er fest, dass nun in Europa der Geist der Kultur nicht mehr seinen Sitz haben könne, und so fordere er die hier lebenden Menschen auf, die Erben dieser großen Kultur zu sein ... Und ich sah mit einem Male das Entsetzliche vor mir, dass tatsächlich unsere wunderbare, so sehr in Europa gepflegte Kultur unwiderruflich verloren gehen wird, wenn sich nicht Menschen finden, die sie davor bewahren und weiter pflegen ... Und deshalb habe ich den Plan gefasst, sofern ich Zeit habe und keine finanziellen Sorgen mir das Vorhaben zerstören, zu versuchen, Anfang nächsten Winters einige Menschen zusammenzutrommeln, um dieses zu tun ...

In einem anderen Buch habe ich mich über diese napoleonische Hybris meines Großvaters lustig gemacht. Nachdem ich mich jetzt aber mit der Geschichte der

Deutschen in Argentinien befasst habe, von der ich viel zu wissen glaubte, nur weil ich ein Teil davon bin, würde ich viel vorsichtiger mit dem Zitat umgehen. Alfredo Schwarcz bringt es in seiner Studie über das Jeckestum in Argentinien auf den Punkt:

> Die jüdische Gemeinschaft in Deutschland war vernichtet, aber das deutsche Judentum überlebte in den Zielorten der massiven Auswanderung, wie etwa Buenos Aires, wo wieder ein reges Gemeindeleben entstand. Das Festhalten an der ursprünglichen Kultur und das Aufrechterhalten des gewohnten Lebensstils auch unter neuen Bedingungen, die die Emigranten in Argentinien vorfanden, erleichterte es den meisten von ihnen, das Trauma des Nationalsozialismus zu überwinden.
>
> Ein Befragter sagte mir gewissermaßen triumphierend: »Hitler konnte die Symbiose nicht zerreißen.«

Die Jeckes hätten nach Once ziehen und Jiddisch lernen können, sie sind aber in und um Belgrano geblieben, wo ihre Landsleute waren, haben weiter Deutsch gesprochen und es auch meistens ihren Kindern beigebracht. Diese geografische Entscheidung hatte auch Konsequenzen, wie mein Großvater wegen seiner Nazi-Nachbarin mit ungewöhnlicher Schärfe feststellen musste. Doch er ist nie weggezogen, so wie er auch nicht aus Deutschland weggezogen wäre, wenn er die Alternative gehabt hätte. Natürlich waren es nicht alles schlechte Erfahrungen:

Mein Vater erinnert sich noch z. B. daran, dass sie bei Schletter einkauften, einem deutschen Delikatessengeschäft um die Ecke, und nie irgendein diskriminierendes Wort gehört haben.

Mit Leuten wie meinem Großvater entstand somit in Buenos Aires ein einzigartiges kleines Deutschland, voller innerer Spannungen und Feindseligkeiten, in dem die Deutschen wieder in ein und demselben Lebensraum, Tür an Tür, lebten. Ein Mini- oder, besser gesagt, ein paralleles Deutschland also, in dem die Nazis und ihr Hass zwar präsent waren, Hitler es aber nie an die Macht geschafft hätte.

Mein Großvater hat gearbeitet, geheiratet, drei Kinder erzogen und ist zu früh gestorben, um seinen Rettungsplan zu vollenden. Doch indem er in der Pestalozzi-Schule aktiv war und seinen Kindern diese spezielle Erziehung zuteilwerden ließ, die zu deutsch für die Juden und zu jüdisch für die Deutschen war und wahrscheinlich noch ist und die bis zu seinen Enkeln und Enkelinnen weiterverfolgt wurde, eine Erziehung, dank derer jetzt sein drittältester Enkel, also ich, ein halbes Jahrhundert später, direkt in der Sprache Goethes, oder sagen wir, Boris Beckers, diese Zeilen schreiben kann; indem also Heinz Magnus, auch wenn er selbst nie wieder nach Deutschland zurückgekehrt ist – und das nicht aus finanziellen Gründen –, dort aber posthum zwei Enkel hat, die ihm wiederum Urenkel:innen geschenkt und somit einen Kreis geschlossen haben, der sich nie hätte öffnen dürfen, zumindest nicht in dieser barbarischen Form; indem er nun einfach gelebt und gestorben ist, so wie seine Eltern, die er übrigens auch nach Argentinien holen musste, hat mein Großvater, hat seine ganze Generation, wenn nicht Europa oder Deutschland, so doch zumindest einen Teil davon, das Jecketum, jeder auf seine bescheidene Art, doch gerettet.

Eine Rettung, die mittlerweile unerwartete Wendungen genommen hat. Meine Nichte Alma, 15 Jahre alt, geboren und wohnhaft in Berlin, wurde neulich gefragt, ob sie ihre Jugendweihe feiern wolle. Sie lehnte ab und meinte, lieber ihre Bar-Mizwa, also die jüdische Kommunion oder Konfirmation, feiern zu wollen. Ihre Eltern waren schockiert. Ich auch. Alma war nicht religiös erzogen, wusste von der Familiengeschichte nur das Wesentliche.

Berlin bot für ihr Vorhaben keine günstige Kulisse. Außerdem war der gesamte jüdische Teil der Familie in Argentinien, wo sehr schnell die richtige Gemeinde für sie gefunden wurde.

Als richtige *Pandemial* machte Alma, die übrigens perfekt Spanisch bzw. Argentinisch spricht, ihren Kurs online mit einer Mora oder Lehrerin, die sie nicht nur auf die Bar-Mizwa vorbereitete, sondern auch in die Geschichte des Judentums (oder soll ich lieber »der Juden« sagen?) einführte. Eine Woche vor der Zeremonie nahm Alma in Anwesenheit ihrer Mutter ein Bad in der Mikwe. Jetzt war sie, was sie wahrscheinlich immer sein wollte und im Grunde immer war: eine Jeckete.

Am folgenden Donnerstag, in der Synagoge – wo wir weiß Gott wie lange nicht mehr gewesen waren –, war die

Parascha – also der Textabschnitt, den Alma an diesem Tag aus der Bibel lesen musste – die Geschichte von Noah, weshalb viel über Rettung und Reisen gesprochen wurde. Und noch viel mehr geweint.

Es begann schon damit, dass Alma – wie alle Kinder, die ihre Bar-Mizwa in dieser Synagoge machen – ihre Bar-Mizwa einem im Holocaust verstorbenen Kind widmete, das es nicht bis zu seiner Bar-Mizwa geschafft hatte. Wir hörten also den Namen des Kindes und den Namen des Konzentrationslagers, in dem es ermordet wurde. Meinem Bruder versagte dazu die Stimme, als er seiner Tochter einen Brief auf der Bima – der Bühne, auf der aus der Thora gelesen wird – vortragen musste. Ihre deutsche Mutter musste dementsprechend das Mikrofon nehmen und Alma auf Spanisch als Botschafterin des Judentums in der ganzen Welt willkommen heißen. »Denn alles, was du machen wirst – hatte der Rabbiner vorher gesagt –, vor allem, wenn andere es für falsch halten, wird mit Sicherheit den Juden an den Hals gehängt.«

Am stärksten hat mich aber gerührt, als der Rabbiner der ganzen Gemeinde erzählte, er habe Alma vor ein paar Tagen gefragt, welche Zeitreise sie machen würde, wenn sie die Möglichkeit hätte, und sie habe geantwortet, in die Zeit, in der ihr Urgroßvater Heinz nach Argentinien auswandern musste.

DANKSAGUNG

Mein ganz herzlicher Dank für die Hilfe bei der Produktion dieses Buches gilt folgenden Leuten:

Helga Frese-Resch, Tomás Magnus, Eliane Mayer, David Magnus, Ricardo Magnus, Gaby Landau, Ruthy Tasselkraut, Rony Tasselkraut, Liesl Stern, Mario Stern, Ricardo Serfati, Roberto Pablo Meiss, Regula Rohland de Langbehn, Wolfgang Langbehn, Ricardo Hirsch, Lilian Brodtmann, Enrique Bein, Germán Mixich, Charly Kotoulek, Philipp Kitzberger, Daniel Zachariah, Irene Kuhlmann, Hanno Kuhlmann, María José Guembe, Natalia Federman, Helen Schmied, Maren Schiefelbein, Ricardo Echevarría, Edgardo Buquete, Tomas Loesch, Mónica Bader, Pol Huisman, Dalmiro Sosa, Mariana Dimópulos.

AUSGEWÄHLTE BIBLIOGRAPHIE

Aharoni, Zvi, *Operation Eichmann. The Truth About the Pursuit, Capture and Trial.* New York: Wiley 1997.

Aschenauer, Rudolf (Hrsg.), *Ich, Adolf Eichmann. Ein historischer Zeugenbericht.* Buenos Aires: Druffel-Verlag 1980.

Avni, Haim, *Argentina y la historia de la inmigración judía 1810–1950*, Jerusalén: Editorial Universitaria Magnes 1983.

Basti, Abel, *La segunda vida de Hitler (1945 –?)*. Buenos Aires: Planeta 2019.

Buch, Esteban, *El pintor de la Suiza argentina.* Buenos Aires: Sudamericana 1991.

Cannilla, Flavio et. al., *Argentina y Alemania 150 años.* Buenos Aires: Embajada de la República Federal Alemana 2007.

Dauber, Doris, *Eine Nacht, ein Leben.* Buenos Aires: Editorial Cosmopolita 1947.

De Napoli, Carlos. *Nazis en el sur.* Buenos Aires: Grupo Editorial Norma 2005.

Feierstein, Ricardo, *Historia de los judíos argentinos.* Buenos Aires: Planeta 1993.

-- *Vida cotidiana de los judíos argentinos: del gueto al country.* Buenos Aires: Sudamericana 2007.

Feinmann, José Pablo, *La sombra de Heidegger.* Buenos Aires: Seix Barral 2005.

Frank, Michael, *Die letzte Bastion. Nazis in Argentinien.* Hamburg: Rutten & Loening 1962.

Friedmann, Germán, *Alemanes antinazis en Argentina.* Buenos Aires. Siglo XXI 2010.

Goñi, Uki, *Perón y los alemanes. La verdad sobre el espionaje nazi y los fugitivos del Reich.* Buenos Aires: Sudamericana 1998.

-- *Odessa. Die wahre Geschichte. Fluchthilfe für NS-Kriegsverbrecher.* Berlin/Hamburg: Assoziation A 2006. Aus dem Englischen von Theo Bruns und Stefanie Graefe.

Grotewold, Christian, *Rechtsberater für Deutsche in Argentinien.* Buenos Aires: E. Beutelspacher 1942.

Harel, Isser, *Das Haus in der Garibaldistraße.* Frankfurt am Main: Ullstein Verlag 1975.

Hesse, Max René, *Morath schlägt sich durch.* Berlin: Cassirer 1933.

Ismar, Georg, *Der Pressekrieg: Argentinisches Tageblatt und Deutsche La Plata Zeitung 1933–1945.* Berlin: Wissenschaftlicher Verlag Berlin 2006.

Jackisch, Carlota, *El nazismo y los refugiados alemanes en la Argentina, 1933–1945.* Buenos Aires: Editorial de Belgrano 1989.

Jacoby, Juan G., *Expulsados.* Buenos Aires: Dunken 1996.

Levin, Elena, *Historias de una emigración(1933-1939). Alemanes judios en la Argentina.* Buenos Aires: Editorial de Belgrano 1997.

Lütge, Wilhelm/Hoffmann, Werner/Körner, Karl Wilhelm, *Geschichte des Deutschtums in Argentinien.* Buenos Aires: Deutscher Klub in Buenos Aires 1955.

-- *Deutsche in Argentinien,* Buenos Aires: Verlag Alemann 1981.

-- *Los Alemanes en la Argentina. 500 años de historia.* Buenos Aires: Biblios 2017. Traducción y edición: Regula Rohland de Langbehn.

Magnus, Ariel, *Zwei lange Unterhosen der Marke Hering.* Köln: Kiepenheuer & Witsch 2012.

-- *Die Schachspieler von Buenos Aires.* Köln: Kiepenheuer & Witsch 2018.

-- *Das zweite Leben des Adolf Eichmann.* Köln: Kiepenheuer & Witsch 2021.

Maler, Juan. [Kopps, Reinhard] *Frieden, Krieg und »Frieden«,* Ohne Angaben 1987.

Malkin, Peter, *Eichmann in My Hands.* New York: Warner Books 1990.

Mariscotti, Mario A.J., *El secreto atómico de Huemul. Crónica del origen de la energía atómica en la Argentina.* Buenos Aires: Estudio Sigma S. R. L. 2004.

Meding, Holger M., *Flucht vor Nürnberg? Deutsche und österreichische Einwanderung in Argentinien;* 1945–1955. Köln: Böhlau 1992.

-- *»Der Weg«. Eine deutsche Emigrantenzeitschrift in Buenos Aires, 1947–1957.* Berlin: Wissenschaftlicher Verlag Berlin 1997.

Mirelman, Victor A., *Jewish Buenos Aires 1890–1930. In search of identity.* Detroit: Wayne State University Press 1990.

Moreck, Curt, *Sittengeschichte des Kinos. Mit über 100 Tafeln.* München: Hesperos 1919.

Müller, Mónica, *Mi papá alemán. Una vida argentina.* Buenos Aires: Seix Barral 2018.

Newton, Ronald C., *El cuarto lado del triángulo. La »amenaza nazi« en la Argentina (1931–1947).* Buenos Aires: Sudamericana 1992. Übersetzung von Elvio E. Gandolfo.

-- *German Buenos Aires, 1900-1933: Social Change and Cultural Crisis.* Texas: University of Texas Press 1977.

Olden, Balder, *Paradiese des Teufels. Biographisches und Autobiographisches.* Berlin: Rütten & Loening 1978.

Oven, Wilfred von, *Ein »Nazi« in Argentinien.* Duisburg: VAWS 1999.

Rein, Raanan, *Los muchachos judíos peronistas.* Buenos Aires: Sudamericana 2015.

Rohland de Langbehn, Regula (ed.), *Anuario argentino de germanística 2010: la emigración alemana en la Argentina (1933–1945).* Buenos Aires: Asociación Argentina de Germanistas 2010.

Rubinson, Hilel, *Una vida, una familia, una época.* Eigenverlag 2007.

Rudel, Hans-Ulrich, *Zwischen Deutschland und Argentinien.* Göttingen: Plesse 1954.

Sarramone, Alberto, *Alemanes en Argentina.* Buenos Aires: Ediciones B 2010.

Schnorbach, Hermann, *Für ein »anderes Deutschland«. Die Pestalozzischule in Buenos Aires (1934–1958).* Frankfurt am Main: dipa-Verlag 1995.

Schopflocher, Robert, *Weit von wo. Mein Leben zwischen drei Welten.* München: Langen-Müller 2010.

Schwarcz, Alfredo José, *Y a Pesar de Todo ... Los judíos de habla alemana en la Argentina.* Buenos Aires: Grupo Editor Latinoamericano 1991.

Stangneth, Bettina, *Eichmann vor Jerusalem. Das unbehelligte Leben eines Massenmörders.* Hamburg: Arche Verlag 2011.

Szabó, Ladislao, *Hitler está vivo: nuevo Berchtesgaden en el Antártico.* Buenos Aires: El Tábano 1947.

Wulffen, Bernd, *Deutsche Spuren in Argentinien. Zwei Jahrhunderte wechselvoller Beziehungen.* Berlin: Ch. Links Verlag 2010.

-- *Fluchtpunkt Rio de la Plata: Die Emigration deutscher Juden nach Argentinien.* BoD 2019.

Der Verlag Kiepenheuer & Witsch hat sich zu einer nachhaltigen Buchproduktion verpflichtet. Gemeinsam mit unseren Partnern und Lieferanten setzen wir uns für eine klimaneutrale Buchproduktion ein, die den Erwerb von Klimazertifikaten zur Kompensation des CO_2-Ausstoßes einschließt. Weitere Informationen finden Sie unter www.klimaneutralerverlag.de

1. Auflage 2023

Covergestaltung: Marion Blomeyer/Lowlypaper
Covermotiv: © Katherine Lubar. All Rights Reserved 2022/Bridgeman Images
Gesetzt aus der Calluna
Satz: Wilhelm Vornehm, München
Druck und Bindung: CPI books GmbH, Leck
ISBN 978-3-462-05434-7

Weitere Titel von Ariel Magnus bei Kiepenheuer & Witsch